Antonio Mira de Amescua

# La tercera de sí misma

**Edición de Vern Williamson**

Barcelona **2024**
Linkgua-ediciones.com

**Créditos**

Título original: La tercera de sí misma.

© 2024, Red ediciones S.L.

e-mail: info@linkgua.com

Diseño de cubierta: Michel Mallard.

ISBN rústica: 978-84-9816-101-4.
ISBN ebook: 978-84-9897-578-9.

Cualquier forma de reproducción, distribución, comunicación pública o transformación de esta obra solo puede ser realizada con la autorización de sus titulares, salvo excepción prevista por la ley. Diríjase a CEDRO (Centro Español de Derechos Reprográficos, www.cedro.org) si necesita fotocopiar, escanear o hacer copias digitales de algún fragmento de esta obra.

# Sumario

**Créditos** _____ **4**

**Brevísima presentación** _____ **7**
    La vida _____ 7

**Personajes** _____ **8**

**Jornada primera** _____ **9**

**Jornada segunda** _____ **55**

**Jornada tercera** _____ **103**

**Libros a la carta** _____ **151**

## Brevísima presentación

### La vida

Antonio Mira de Amescua (Guadix, Granada, c. 1574-1644). España.

De familia noble, estudió teología en Guadix y Granada, mezclando su sacerdocio con su dedicación a la literatura. Estuvo en Nápoles al servicio del conde de Lemos y luego vivió en Madrid, donde participó en justas poéticas y fiestas cortesanas.

**Personajes**

Duque de Mantua
Octavio, su criado
Conde Arnesto, hermano del duque
Fisberto, cortesano
Camilo, cortesano
Fabio, criado
Floro, criado
Ricardo, escudero de Lucrecia
Cosme, pastor
Lisardo, labrador y tío de Cosme
Lucrecia, duquesa de Amalfi
Porcia, condesa de la Flor
Marcela, criada de Porcia
Gila, pastora

# Jornada primera

(Salen Lucrecia de hombre y Fabio, criado.)

**Fabio**   En tu mismo arbitrio dejo
mi razón, que eres discreta.

**Lucrecia**   Grande amor no se sujeta
a la razón, ni al consejo.
Los tuyos, Fabio son vanos,
que tienen valor pequeño
cuando el amor se hace dueño
de los afectos humanos.

**Fabio**   En hábito de hombre, sola,
y amante, tres cosas son
que más parecen ficción
hecha en comedia española.

**Lucrecia**   Injustamente condenas
mi osadía y mi despecho.
De mujeres que esto han hecho
están las historias llenas.

**Fabio**   Duquesa de Amalfi eres.

**Lucrecia**   Duquesa de Amalfi soy,
pero yo sola no doy
este ejemplo a las mujeres;
Reinas hicieron lo mismo.

**Fabio**   Con esa resolución,
a tu obstinada opinión
no habrá fuerte silogismo;

|  |  |
|---|---|
|  | mas ya que a Mantua has llegado, ¿qué determinas hacer? |
| Lucrecia | Sufrir y amar, hasta ver tan inmenso amor premiado. |
| Fabio | ¿Dónde nació tanta fe? ¿Dónde nació ese deseo? |
| Lucrecia | Nápoles hizo un torneo muy grandioso. |
| Fabio | Ya lo sé. |
| Lucrecia | Fue el duque de Mantua a ver esta fiesta singular. Mal dije, pues fue a matar una mísera mujer. Vile allí. ¡Nunca lo viera! Y arrebatóme de modo la libertad, que del todo quiso amor que me perdiera. |
| Fabio | Hablástele? |
| Lucrecia | No. |
| Fabio | Ese amor flaco accidente sería. |
| Lucrecia | ¿No ves que en la fantasía cobra fuerzas y valor? |
| Fabio | Mucho temo que ha de ser |

                                tanto amor, amor perdido.

Lucrecia                        ¿Qué imposibles no ha vencido
                                la industria de una mujer?

(Sale Ricardo.)

Ricardo                         Buen lance habemos echado.
                                Buen camino habemos hecho.

Lucrecia                        ¿Qué hay Ricardo?

Ricardo                                     Sin provecho
                                te fatigas. Ya es casado
                                el duque.

Lucrecia                                ¿De quién lo sabes?

Ricardo                         No corre por la ciudad
                                otra voz.

Lucrecia                                Si eso es verdad,
                                llegarán mis penas graves
                                a crecer más que mi amor.
                                ¿Y supiste quién ha sido
                                la que tal dicha ha tenido?

Ricardo                         La condesa de la Flor.

Lucrecia                        ¿La condesa Porcia?

Ricardo                                     Sí.

Lucrecia                        ¿No es pobre?

**11**

| | |
|---|---|
| Ricardo | Y con hermosura. |
| Lucrecia | Di, Ricardo, con ventura, que es la que me falta a mí. En hora infelice vi aquellas trágicas fiestas, que desdichas como éstas no serán desdichas breves. ¡Ay, duque, lo que me debes! ¡Ay, duque, lo que me cuestas!    La que aventura el honor como yo, mísera, hice, cierto está que es infelice, cierto está que tiene amor. Difícil parece el error de venir de aquesta suerte. Si llegara a Mantua a verte sin esta alegre mudanza, que un amor sin esperanza ya no es amor sino muerte.    ¡Ay, qué rigurosa estrella! Dime, Ricardo, ¿has sabido si la condesa ha venido? |
| Ricardo | Pienso que han ido por ella. |
| Lucrecia | ¡Cuántas honras atropella un mal nacido deseo! ¡Perdida, ay de mí, me veo! ¡Mi desdicha es inmortal, que remedio a tanto mal ni lo tengo ni lo espero!    ¡Cuánto mejor me estuviera a ver mi mal declarado |

en Nápoles, y excusado
el venir de esta manera!
¡Y mi silencio no fuera
mi desdicha y mi pesar!
No tengo bien que esperar
si en efeto vengo a ser
yo la primera mujer
que se perdió por callar.
   Ame, pues, desesperada,
la que nunca amó atrevida,
ame y pene, aborrecida
la que se precia de honrada.
Callé mi mal confiada,
hablar quise y llegué tarde.
El alma entre celos arde
que nunca dieron favor
la Fortuna y el Amor
al que ha nacido cobarde.

Ricardo    A la ribera del río
el duque ha salido agora.
Sufre y sosiega, señora.

Lucrecia    ¿Por qué amando desconfío?
Si no llega el amor mío
a otro humano pensamiento,
porque máquinas intento
que ninguna las iguale.

Ricardo    Ya de la carroza sale.

Lucrecia    Dame, Amor, atrevimiento.
   ¿Tendréis los dos osadía
para ayudarme a una acción

|            | que, por dicha, a mi pasión
             será remedio algún día?

| Fabio      | En nuestros ánimos fía.

| Lucrecia   | Mete mano sin recelos,
             que los astros de los cielos,
             aunque adversos, han de ver
             lo que puede una mujer
             con ingenio, amor y celos.

(Vanse. Salen el duque de Mantua y Octavio, criado.)

| Octavio    | No atribuye tu alteza a atrevimiento,
             sino a fuerza de amor y maravilla
             lo que quiero decir.

| Duque      | Ya, Octavio, sabes
             que conozco tu amor y lo agradezco.

| Octavio    | Señor, en Mantua dicen que te casas
             con la condesa de la Flor, y muchos
             afirman que Fisberto y que Camilo
             partieron a traerla. Y que se diga
             esto por la ciudad, y los criados
             no lo sepamos, confusión nos causa,
             debiendo ser nosotros los primeros
             sabidores de acciones semejantes.

| Duque      | Convínome el secreto. No te espantes.
             Mas, ¿cuándo al vulgo, vario y novelero,
             secreto se encubrió? Siempre adivina
             las razones de estado más ocultas.
             Octavio, verdad es. Con la condesa

|          | de la Flor me desposo yo, y la espero. |
|----------|---|

                    de la Flor me desposo yo, y la espero.
                    Señora es de un estado pobre y corto,
                    pero estando tan rica de virtudes,
                    de sangre ilustre y de belleza rara,
                    a la Reina más alta se compara.

Octavio          Pues, ¿cuándo vuestra alteza la vio?

Duque                                    Nunca.
                    La fama y relación de su hermosura
                    me obligó a su elección aficionado.

Octavio          Satisfecho me dejas y obligado.

(Dentro Lucrecia.)

Lucrecia         Traidores, ¿dos a mí, sin tener culpa?
                    ¿En Mantua no hay justicia?

Duque                      ¿Quién da voces?

(Sale Lucrecia.)

Lucrecia         Señora, amparad a un forastero
                    a quien siguen la muerte y la desdicha.

Duque              Prended luego a esos dos. ¡Seguidlos!
                    ¡Mueran!

Lucrecia         Señor, aquí a tus pies halle acogida
                    esta infeliz y mal segura vida.
                    ¡Oh, mal haya el tener tan pocas barbas!
                    Que aunque el valor del pecho grande sea
                    no respetan al hombre.

Duque                    ¿Por qué causa
             se ofenden estos dos?

Lucrecia                    Son cuentos largos
             y el recelo me tiene todavía
             sin aliento.

Duque                    No temas, pues el duque
             te tiene en protección.

Lucrecia                    Déme, tu alteza,
             los pies, que no le había conocido,
             como a extranjero, al fin, y perseguido.

Duque        Gustaré de saber quién eres, dime
             la historia de tus trágicos sucesos.

Lucrecia     Si la vida me das, y yo he venido
             a ampararme de ti, negar no intento
             lo que mandas, señor. Estáme atento:

               Mi patria, famoso duque,
             en Nápoles la gentil,
             y en ella de nobles padres
             si bien no ricos nací.
             Como la pobreza y honra
             peleaban contra mí,
             a la duquesa de Amalfi
             me fue forzoso servir.
             Asenté por paje suyo
             y fuera estado feliz
             si no creciera en mi pecho
             el amor que conseguí.
             Tiene su casa grandeza

|              |                                  |
|--------------|----------------------------------|
| (Aparte.)    | aunque no es muy rica, al fin. |
|              | Desciende por línea recta |
|              | del príncipe don Dionís. |
|              | (La alabanza en boca propia, |
|              | dicen, que es cosa muy vil; |
|              | perdóneme la modestia |
|              | que mi paz pretendo así.) |
| Duque        | Prosigue. |
| Lucrecia     | Vestida de oro |
|              | y de un celeste tabí |
|              | por parecer más al Sol, |
|              | y en su cielo de zafir |
|              | al campo salí una vez |
|              | y de su rostro el abril |
|              | las colores aprendía |
|              | para copiar el jazmín; |
|              | Y aunque rapaz sin discurso |
|              | atentamente la vi |
|              | enamorando las aguas |
|              | y al céfiro más sutil. |
|              | Quedéme sin libertad, |
|              | que no hacerte a discurrir |
|              | quien soy yo y quien es ella |
|              | con la ignorancia pueril, |
|              | luché con mis pensamientos |
|              | que tenían entre sí |
|              | una doméstica guerra, |
|              | una batalla feliz. |
|              | Llevado, pues, de mi afecto, |
|              | oculto como infeliz, |
|              | Argos fui de sus acciones, |
|              | lince de su pecho fui. |

Curioso y enamorado
la escuché en su camarín,
mezclando en perlas lloradas
blandas razones así:
«Ay, duque de Mantua mío,
si mío puedo decir
a quien mal, y apenas, tiene
noticia ninguna de mí,
nunca tornear te viera,
vestido de carmesí,
más gallardo que Medoro,
más fuerte que un Paladín.
Rayos de púrpura y nieve
me dabas en un festín
con los reflejos que hacían
los diamantes y rubís.
Si me viste, no lo sé,
solo sé que he de vivir
llorando la libertad
que con tu ausencia perdí.»
Estas palabras me abrieron
el sentido y discurrí
sobre el amor libre y loco
que era forzoso sufrir.
Advertí que un ancho río,
que consiente un bergantín
en su espalda, fue al principio
un arroyo sutil,
y el ciprés, que con su punta
al cielo intenta subir
al principio fue una vara
con delicada raíz,
consideré que el amor
se debía resistir

cuando es vara y es arroyo
en márgenes de alhelís.
Pedí licencia, ausentéme
y atravesando el país
de España, que es del mundo
el admirable jardín,
después de varios sucesos,
que al caso no hacen aquí,
llegué a Flor, ¿nunca tuvieran
mis principios este fin!
Aquí empiezan mis desdichas,
y pues que vos las oís,
señor, con lástima y gusto
todas las pienso decir.
Es la Flor villa pequeña,
que entre la francesa Lis
y las llaves de la iglesia
sobre la dura cerviz
de una montaña se asienta.
Su dueño es una gentil
y hermosa dama, a tener
fortaleza varonil.
Llámase Porcia, y su casa
fue mi amparo, y me acogí,
peregrino a sus umbrales,
ya destinado a servir.
Y aunque a veces el amor
es un templado neblí
que con vuelo infatigable
se sube al cielo a rendir
la garza más remontada,
a veces en baharí
que se abate a presas bajas
de una humilde codorniz.

Esto digo, porque Porcia
puso los ojos en mí,
haciendo al rostro del alma
un transparente viril.
En los ojos y la boca,
en el mirar y el reír,
con néctar de amor brindaba.
¡Néctar no, veneno sí!
Tales fueron sus afectos,
aunque es la edad juvenil
ignorante y divertida,
su oculto amor conocí.
No confrontaba la sangre
o porque vario cenit
nuestras estrellas tenían
su amor mismo aborrecí.
Pienso que fue la ocasión
que la vi sin la varniz
que las mujeres se ponen
mezclando nieve y carmín.
¡Qué cosa para Lucrecia!
La duquesa a quien serví
nunca en su rostro se ha puesto
artificioso matiz.
Esto no importa, prosigo:
descubrióme Porcia a mí
su lascivo amor, y yo
fui ignorante al resistir.
Enlacéme como hiedra
en sus muros de zafir
y en dos hojas de clavel
toda el alma la bebí.

Duque            ¡Calla, sirena cruel!

| | |
|---|---|
| (Aparte.) | Porque no te quiero oír<br>voz y palabras que son<br>muerte y rabia para mí.<br>(¡Válgame Dios! ¿Qué escucho?<br>¿Qué letargo y frenesí<br>me arrebatan y suspenden<br>alma y memoria infeliz?<br>¿La condesa Porcia es fácil?<br>¿Porcia es mujer ruin?<br>Ya no come Porcia brasas;<br>ya no es Porcia. Bruto fui.<br>Huyendo dama de un Rey<br>vengo ignorante a elegir<br>amiga de un paje, ¡cielos!<br>¿Cómo mi mal no sentís?<br>¡Venga la muerte, venga contra mí,<br>que no es para desdichados el vivir!)<br>Ven acá, prosigue, acaba.<br>Llega de su historia al fin. |
| Lucrecia (Aparte.) | (Ya le está mordiendo el áspid<br>que entre las flores le di.)<br>Pienso que te doy disgusto<br>y recelo proseguir. |
| Duque | Cuenta, acaba, loco estoy.<br>Un rayo fatal sentí. |
| Lucrecia | Después de haber sido el olmo<br>de tan verde y fresca vid,<br>me sucedió lo ordinario. |
| Duque | ¿Y fue? |

Lucrecia            Que la aborrecí.
            Una pared vieja y fea
            cubre un hermoso tapiz
            y el áspid se disimula
            entre ameno toronjil.
            La mujer que más parece
            mayo alegre y fresco abril
            es un enero, un demonio
            con lejos de serafín.
            A la noche sigue el alba
            de clavel y de jazmín
            y de este modo al pecar
            se sigue el arrepentir.
            Mas la mujer despreciada
            o con traza o con ardid
            va a su venganza y ligera
            más que el águila y delfín.
            Ausentéme en fin y Porcia
            como envidioso Caín,
            contra mi inocencia envía
            estos hombres contra mí.

Duque       Calla, otra vez enmudece
            que es tu lengua serpentín
            que da fuego a los sentidos
            que escuchándote perdí.

(Aparte.)   (Incauta serpiente he sido
            pues no tapé, por no oír
            tus encantos, mis orejas.
            ¿Si es aquesto verdad? Sí.
            ¿Si miente aqueste rapaz?
            Mas no, ¿por qué ha de mentir?
            Bien se ve su sencillez
            en hablar y discurrir.

		Amaba a Porcia, sin verla,
		porque la Fama es clarín
		que sus virtudes pregona
		y por mujer la escogí.
		Engañéme, erré, no supe
		hacer elección. Mentís,
		Fama vulgar, Fama necia,
		no sabéis lo que os decís.
		La manzana más hermosa,
		con la cual [ ] el carmín
		cubre un corazón podrido.
		Un hipócrita es así;
		mas ya en mi nombre Fisberto
		trae, sin duda, a Porcia. Abrir
		quisiera el pecho en que cupo
		tan incauto frenesí.
		¡Venga la muerte, venga contra mí!
		¡Qué no es para desdichados el vivir!)

(Sale Octavio.)

Octavio		Como unos corzos huyendo
		se entraron en San Martín
		y les dejamos de posta
		un cuidadoso alguacil.

Duque		¡Octavio!

Octavio				Señor.

Duque					Escucha:
		Pártete luego a decir
		a Fisberto que procure
		no traer a Porcia aquí.

                        Dirásle que ya aborrezco
                        lo que a un tiempo apetecí.
                        Dirás que no me conviene...
                        mas ven, que quiero escribir.
                        ¿Cómo te llamas?

Lucrecia                                ¿Yo? César.
                        Y te quisiera servir.

Duque                   La luz de mi desengaño
                        tendré delante de mí.
                        Sírveme, pues.

(Vase el Duque.)

Lucrecia (Aparte.)                  (Vea el mundo
                        lo que saben conseguir
                        amor, ingenio y mujer.
                        César soy pues que vencí.)

(Vanse. Salen Fisberto, Camilo, Porcia, Marcela y Floro criado.)

Fisberto                    Arrimad esa carroza
                        a ese arroyo mientras vuelva
                        la fresca tarde a esta selva
                        que de eterno mayo goza.
                        La hierba aquí se remoza
                        con la nueva primavera,
                        y a la sombra lisonjera
                        podrás, Porcia, descansar
                        hasta que pare en el mar
                        el Sol su ardiente carrera.
                            Suspéndase su viaje
                        mientras declina la siesta,

>            ya la apacible floresta
>            nos hace grato hospedaje.
>            Cantarte puede este paje
>            si no quieres reposar
>            a la voz del murmurar
>            de ese arroyuelo, que en verte,
>            alegre corre a su muerte
>            que es el piélago del mar.
>                 La mudanza del estado
>            y el conocer gente nueva,
>            sin duda, Porcia, te lleva
>            con tristeza y con cuidado.
>            Alégrate en este prado
>            en cuyas rústicas flores
>            copió el cielo los colores
>            que en tu rostro están sin precio.

(A Marcela.)

Porcia
>            Poco le falta a este necio
>            para que me diga amores.
>                 No es burla, Marcela mía.
>            Cánsame este hombre de suerte
>            que en su presencia o la muerte
>            no sé cual escogería.
>            Natural antipatía
>            y adversión de estrella es.

Fisberto
>            Hierba y flores a tus pies
>            son sitial y verde alfombra,
>            y las plantas te dan sombra
>            porque hermosura les des.

Porcia
>                 Fisberto, la soledad

                    sueño infunde y da sosiego.

Camilo              Pues, retirémonos luego;
                    duerma en esta amenidad,
                    Porcia, un rato.

(Vanse Camilo y Floro.)

Fisberto (Aparte.)              (¡Qué deidad!
                    ¿Qué fuerza y ley poderosa
                    tiene una mujer hermosa
                    contra el hombre que entorpece,
                    acobarda y enmudece
                    la lengua más animosa?
                       Para mujer de mi dueño
                    llevo a Porcia, y el amor
                    flechas saca de rigor
                    de su semblante risueño.
                    Ya mi valor es pequeño
                    para resistir mi mal.
                    ¿Qué he de hacer; que soy leal?
                    ¿Qué he de hacer; que amando muero?
                    Uno huyo y otro quiero,
                    y así es mi pena inmortal.
                       Ardo y lloro sin sosiego
                    y mi grave mal es tanto
                    que ni el fuego enjuga el llanto
                    ni el llanto consume el fuego.
                    Lloro mi mal, pero luego
                    ardo a los rayos que adoro,
                    y como la causa ignoro,
                    vuelvo al llanto, y porque veo
                    que es inmortal mi deseo
                    ardo siempre y siempre lloro.

                    Ya no tienes fuego, Amor,
                    en tus ardientes extremos,
                    que entre los dos lo tenemos
                    tú la luz y yo el ardor.
                    Da, señora, el resplandor
                    a mi fuego por si acaso
                    quieres ver el mal que paso;
                    o tome la luz suave
                    la parte que a mí me cabe
                    y arde tú, pues yo me abraso.
                        Si no sé nombre que dar
                    a contrarios tan unidos,
                    a mí el alma y los sentidos
                    sepan sufrir y callar.
                    No quiero filosofar
                    sobre mi dulce pasión.
                    Llore y arda el corazón,
                    ose y tema sin sosiego;
                    que en los afectos de un ciego
                    está oscura la razón.)

(Vase Fisberto.)

Marcela           ¿Cómo, yendo a tanto bien
                  vas triste?

Porcia                    Dame cuidado
                    el pensar que me he casado
                    sin haber visto con quién.
                    Cuando nuestros ojos ven,
                    se quieta el alma, y así
                    temo; que el duque no vi,
                    ni él me ha visto, y ser pudiera
                    que de su gusto no fuera,

                        o él no me agradara a mí.

Marcela                 Mucho le alaba la fama,
                        y al fin es un potentado.

Porcia                  ¿Y qué importa un rico estado
                        si no hay gusto ni se ama?
                        Cautiverio de oro llama
                        uno al rico casamiento
                        cuando en él falta el contento;
                        y la fama puede ser
                        que mintiese, y hasta ver
                        llevo el corazón violento;
                           que si, por desdicha mía,
                        el duque me pareciera
                        como Fisberto, muriera
                        de eterna melancolía.

(Salen Fisberto y Floro.)

Fisberto                ¿Estás advertido?

Floro                                    Fía
                        en el ingenio de Floro.

(Vase Floro.)

Fisberto (Aparte.)      (Dame tu copete de oro,
                        hermosísima Ocasión,
                        que busco mi perdición
                        y mi propio mal adoro.
                           No consiente resistencia
                        el ardiente amor que paso
                        pues si resisto, me abraso

        con más furia y más violencia.
        No hay discurso ni prudencia
        o resuelta voluntad.
        Sea gusto o sea maldad,
        ya yo estoy determinado
        porque en haberlo pensado
        tengo hecho la mitad.)
           Porcia, de cuya hermosura
        toman resplandor los días,
        las ardientes penas mías
        han parado ya en locura.
        En vano el alma procura
        amando disimular.
        Ya te vi, fuerza es amar;
        y es mi amor tan eminente
        que a tu beldad solamente
        se pudiera comparar.
           No me culpes, Porcia, a mí.
        Culpa a tu gran perfección,
        porque en tan cuerda ocasión
        fuera el no amar frenesí.

Porcia          Fisberto, ¿vienes en ti
                  ¿Así tu dueño se estima?

Fisberto        En ti estoy y se lastima
                  mi afligido corazón
                  porque con el afición
                  tu voz a mi pecho anima.

(Dice Floro desde adentro y al primer verso, luego salga con una guitarra.)

Floro            Al duque me he de quejar
                  o romperos la cabeza.

**29**

                        No permita vuestra alteza,
                        pues venimos a cantar,
                        que nos quieran agraviar.

Fisberto                Insolente, vil, grosero,
                        ¿no os he dicho que no quiero
                        que sepa Porcia quién soy
                        mientras sirviéndola voy
                        disfrazado de escudero?
                           ¿No he dicho que Fisberto
                        me llamen todos? ¿Es justo,
                        que yendo contra mi gusto,
                        me hayáis así descubierto?
                        ¡Pues, vive Dios!

(Vale a dar Fisberto a Floro con la daga y Floro se arrodilla delante de él.)

Floro                                  ¡Yo soy muerto!
                        Duque de Mantua, señor,
                        perdóname aqueste error.

Fisberto                Por estar en la presencia
                        de mi esposa, en la paciencia
                        envainaré mi rigor.

(A Fisberto.)

Floro (Aparte.)         (Goza bien de la ocasión;
                        que yo seré centinela.)

(Vase Floro. Habla Porcia aparte a Marcela.)

Porcia                  Ya mis desdichas, Marcela,
                        eternas desdichas son.

|  |  |
|---|---|
|  | Profeta fue el corazón. |
|  | Bien a voces lo decía |
|  | mi muda melancolía. |
|  | Perdida soy, ¿qué he de hacer? |
| Fisberto | Ya, Porcia, me he de atrever |
|  | a daros hombre de mía. |
|  |    Perdonad si vuestro amante |
|  | ser quise en este camino, |
|  | que de un amor peregrino |
|  | nació un error semejante. |
|  | Pero ya de aquí adelante |
|  | pretendo vuestro favor |
|  | con más piadoso rigor. |
|  | Sueño soy de esa belleza. |
| Porcia (Aparte.) | (¿Para qué quiero grandeza |
|  | si he de vivir con dolor?) |
| Fisberto |    Pues, ¿de mis brazos huís? |
|  | ¿Qué, señora, os acobarda? |

(Canta Floro dentro.)

| Floro | Todos dicen: «Guarda, guarda», |
|---|---|
|  | los que asaltan a París; |
|  | huye, huye, flor de lis, |
|  | porque viene Bradamante. |
| Fisberto (Aparte.) | (El aviso es importante, |
|  | alerta en el retirar.) |

(Sale Camilo.)

Camilo
: Si quisieras merendar,
en esa amena floresta
te espera la mesa puesta.

Fisberto
: Porcia mandará avisar.

Camilo
: En hora buena.

(Vase Camilo.)

Fisberto (Aparte.)
: (¡Ay, Amor,
cómo me vas despeñando!)

Porcia (Aparte.)
: (Segad, mis ojos llorando,
que eterno es vuestro dolor.)

Marcela
: Un gran duque, un gran señor,
¿a agradar no es poderoso?

Porcia
: El gusto no es ambicioso.

Fisberto (Aparte.)
: (Ya lo intenté, prosigamos.
Ayuden selvas y ramos
a un amor tan prodigioso.)
 Triste estáis, condesa mía.
No sé la ocasión que sea.
¿No correspondo a la ida
que de mí formado había
acaso la fantasía?
O, como nadie merece
este rostro que oscurece
al Sol alegre y risueño,
¿de verse que tiene dueño
con soberbia se entristece?

Si esto es así, mi señora,
el gozar de esta hermosura,
atribúyase a ventura
de este pecho que te adora
y no a méritos. Y agora
dadme los brazos.

Porcia                 Después.

Fisberto       ¿Cuándo, Porcia?

Porcia             Cuando estés
en tu palacio, señor.

Fisberto       ¿Treguas no admite mi amor?

Porcia        No es amor el descortés.

Fisberto         ¿No eres mi propia elección?

Porcia        Aún no estamos desposados.

Fisberto       ¿Cuándo amorosos cuidados
llevan bien la dilación?

Porcia        Los que amores castos son
obedecen a quien aman.

Fisberto       Y si en deseos se inflaman,
quien no los templa es cruel.

Porcia        No es amor honesto aquél
que a gusto los hombres llaman.

(Canta Floro.)

Floro  Otra vez vuelve la gente
a impedir de Francia el paso.

Fisberto (Aparte.)  (Gente viene, y yo me abraso.
La Ocasión huyó la frente.)

Floro  Huye, huye diligente
porque vienen contra ti.

Fisberto (Aparte.)  (¡Qué templar no puedo así
amor tan desatinado!)

(Sale Camilo.)

Camilo  Ya que el Sol ha declinado
partir podemos de aquí.

Fisberto (Aparte.)  (Fuerza es que agora se entienda
mi amorosa alevosía.
Pero, no, la industria mía
será la que me defienda.)
Aunque pardas sombras tienda,
Camilo, la fresca tarde,
fuerza será que se aguarde,
aunque duerme en este prado,
porque un frenesí le ha dado.

(Aparte.)  (¿Cuándo el ingenio es cobarde?)
  La tristeza que traía
en locura se convierte,
porque siempre cuando es fuerte
alguna melancolía,
tiene ese fin si porfía.

| | |
|---|---|
| Camilo | Pues, ¿en qué locura ha dado? |
| Fisberto | Duque y señor me ha llamado<br>porque da en decir que soy<br>duque de Mantua, y que estoy<br>perdido de enamorado.<br>  Una vez me favorece,<br>otra con desdén me trata.<br>Se suspende y arrebata;<br>ya se alegra y se entristece.<br>Señal es de que enloquece. |
| Porcia | ¿Qué me aconsejas, amiga? |
| Marcela | ¿Quieres que verdad te diga?<br>Melindre me ha parecido,<br>o liviandad, que un marido<br>con el buen término obliga.<br>  ¿Cuándo fue necio un señor?<br>¿Qué mujer habrá que halle<br>hombre rico de mal talle?<br>Después le tendrás amor<br>con el trato. |
| Porcia |           De este error<br>enmienda no habrá después.<br>El mejor remedio es<br>dilatar mi casamiento,<br>o impedirlo, que el contento<br>no estriba en el interés.<br>  Duque de Mantua, por quien<br>daré, como agradecida,... |

(Híncase de rodillas.)

Fisberto           ¿No lo dije yo?

Porcia
                ...la vida,
        hacienda y honra también,
        sola una merced, un bien,
        pretendo de ti, señor.
        Aunque agradezco tu amor,
        por agora es importante
        el no pasar adelante.

Camilo (Aparte.)    (¡Qué lástima!)

Fisberto               ¡Qué dolor!

Porcia            Suspéndase algunos días
        la elección que has hecho en mí,
        pues voy sin salud.

Camilo                  ¡Qué así
        con leves melancolías
        deliren las fantasías
        de los humanos!

Fisberto              ¿Qué haremos?

Camilo           Ir por sus mismos extremos;
        seguirla su loco humor.

Fisberto           ¡Qué lástima!

Camilo               ¡Qué dolor!

| | |
|---|---|
| Fisberto | ¡Gentil duquesa tenemos! |
| Camilo | Como duque la responde. |
| Fisberto | Discretamente dijiste.<br>No estéis, mi señora, triste.<br>Alzad, que no corresponde<br>a quien sois, estar adonde<br>mis ojos enamorados<br>habían de estar postrados.<br>Lo que quisiéredes sea,<br>aunque sin remedio vea<br>mis amorosos cuidados. |
| Camilo | ¡Lindo socarrón! |
| Floro | ¡Famoso! |
| Porcia | De nuevo estoy a tu alteza<br>obligada. |
| Fisberto (Aparte.) | (¡Qué belleza!<br>¡Qué serafín tan hermoso!<br>Amor, franco y generoso,<br>da fortuna a mi osadía.)<br>Ésta fue melancolía<br>o fue desvanecimiento<br>de tan alto casamiento. |
| Fisberto | Alguna hierba sería. |
| Floro | Por la posta llega Octavio. |
| Camilo | ¡Si nos trae algún aviso! |

| | |
|---|---|
| Fisberto (Aparte.) | (El perderme es ya preciso.<br>Ni temo muerte ni agravio<br>porque no hay discreto sabio<br>en el alma que desea.) |
| Camilo | Bien venido Octavio sea. |
| (Sale Octavio.) | |
| Octavio | Tú, Camilo, bien hallado. |
| Fisberto | ¿Qué traes de nuevo? |
| Octavio | Cuidado<br>de que esta carta se lea. |
| (Lee Fisberto.) | |
| Fisberto | Fisberto y Camilo, luego que recibáis<br>ésta, conviene que se suspenda el tratar<br>de este casamiento, y la venida de Porcia;<br>y si hubiere partido, volvedla a su casa,<br>que por agora no conviene.<br>El Duque |
| Camilo | Según eso, ¿ya ha sabido<br>su enfermedad y locura? |
| Fisberto | Según eso, ¿su hermosura<br>el duque no ha conocido? |
| Octavio | Luego, ¿loca está? |

| | |
|---|---|
| Camilo | Ha perdido, |
| | de melancolía, el seso. |
| Octavio | ¿Qué habemos de hacer en eso? |
| Camilo | Fisberto lo ha de ordenar. |
| Fisberto | Que partáis los dos a dar |
| | cuenta al duque del suceso. |
| |    Yo entretanto, poco a poco |
| | quiero volverla a su casa. |
| Octavio | ¡Qué en efecto aquesto pasa! |
| | Con lástima voy. |

(Vanse Camilo y Octavio.)

| | |
|---|---|
| Fisberto (Aparte.) |    (Y el loco |
| | soy yo que abismos invoco |
| | de engaños. ¡Oh, Amor injusto!) |
| Marcela | ¿Un melindroso disgusto |
| | te aflige, te desconsuela? |
| Porcia | Si de ésta escapo, Marcela, |
| | yo me casaré a mi gusto. |

(Vanse Porcia y Marcela.)

| | |
|---|---|
| Fisberto | La condesa ha de ser mía. |
| | Alto, a su casa no vuelva. |
| Floro | A la entrada de esta selva |
| | he visto una casería. |

Fisberto           Allí estará, pues porfía,
                   esta pasión que me abrasa.
                   Iré a saber lo que pasa
                   a Mantua, y decir podré
                   que a la condesa dejé
                   con más locura en su casa.

(Dicen Cosme y Gila, pastores dentro.)

Cosme              No la has de gozar.

Gila                              ¿Temor
                   de Dios ni del dueño has?

Cosme              Cruel, no la gozarás.

Fisberto           ¿Quién da voces?

Floro                             Un pastor
                   del monte baja.

Gila                              ¡Ah, traidor!

Cosme              ¡Ah, comas malas zarazas!

Gila               No se lograrán tus trazas.

Cosme              No ha de ser tuya, enemigo.

Fisberto (Aparte.) (Parece que hablan conmigo,
                   ¿o son del cielo amenazas?)

(Vanse Fisberto y Floro. Salen Cosme y Gila.)

| | |
|---|---|
| Gila | Valiente lobo, feroces
ganas de comer llevaba. |
| Cosme | La burra se merendaba
si no le diéramos voces.
    Jo, burra de aquella loca. |
| Gila | ¿Qué dices? |
| Cosme | Turbado estó
que ni sé si es arre o jo
lo que arrojo por la boca. |
| Gila | Dale, que pase adelante
que no se puede mover. |
| Cosme | Es hembra y si da en caer,
Bercebú, que la levante. |
| Gila | Entre unos verdes hinojos
se cayó. Dale una jurra. |
| Cosme | No quiero, que está otra burra
en las niñas de mis ojos. |
| Gila | ¿Y quién es? |
| Cosme | Tú, cara hermosa. |
| Gila | Buen resquiebro. ¿Estás sin tiento? |
| Cosme | ¿No dice que so jumento
cuando digo alguna cosa?
    Pues asno so en el hablar,
y tú has de ser mi mujer, |

|       |                                        |
|-------|----------------------------------------|
|       | o burra tienes de ser |
|       | o no me puedo casar. |
| Gila  |    Dile a tío que nos case. |

Cosme       ¿Por qué no dice ella?

Gila       Es empacho a una doncella.

Cosme       Pues, quien quiere pan, que amase.

Gila         Siempre ha de pedir el macho
a la hembra.

Cosme           También
soy yo un doncello de bien
y sabe tener mi empacho.

(Sale Lisardo, labrador.)

Lisardo       ¡Mal ataúd os aparte!
¿Siempre juntos? ¡Qué esto pasa!
¿Cosme y Gila siempre en casa?
¿Cosme y Gila en cualquier parte?
¡O en la iglesia a ver a Dios
o en el campo a ver los bailes!

Cosme       Somos labradores frailes
que andamos de dos en dos.
   Fray Cosme y Fray Gila somos.

Lisardo       ¡Oh, nunca tus años goces!

Cosme       También somos par de coces.

| | |
|---|---|
| Gila | Siempre los viejos son momos
de los mozos. Mire, tío,
ya mis intentos barrunta,
la hiedra al olmo se junta,
y la fuente busca el río.
 ¿Con cualquier amor placentero
qué tortolilla no arrulla? |
| Cosme | ¿Y qué gato no maúlla
cuando viene el mes de enero? |
| Gila | ¿Qué yegua de edad y brío
la amante clin no espeluzna? |
| Cosme | ¿Y qué potro no rebuzna
cuando ve la potra, tío? |
| Lisardo | Quizá Gila tiene amor
a algún zagal mozo y rico.
¿Quién será el novio? |
| Gila | Cosmico. |
| Cosme | Cosmono, dirás mejor. |
| Lisardo | ¡Tómame si la langosta
ha relamido! ¿No ves
que tiene torpes los pies? |
| Gila | Quiérole yo para posta. |
| Lisardo | ¿Hay semejante locura?
Ten vergüenza, ten recato.
¿No miras que es mentecato? |

| | |
|---|---|
| Gila | Quiérole yo para cura. |
| Lisardo | ¿Hay disparate mayor? |
| Cosme | Cada vez lo echa más gordo. |
| Lisardo | ¿No ves que Cosme está sordo? |
| Gila | Quiérole yo para oidor. |
| Cosme | Si sé comer como un lobo, ¿por qué, tío, no me casa? |
| Lisardo | ¿Sabrás gobernar tu casa? |
| Cosme | Claro está, que no soy bobo. |
| Gila | Y él no repara en el dote. |
| Cosme | Lo primero que he de hacer en teniendo yo mujer es apañar un garrote; y si mando y gruñe, luego sacudirle el polvo bien. |
| Lisardo | ¿Y si no gruñe? |
| Cosme | También. |
| Gila | Bobear, y darle a juego. |

(Salen Fisberto, Floro, Porcia y Marcela.)

| | |
|---|---|
| Fisberto | Ni a Mantua has de ir, ni a tu casa. Fácil, ingrata y esquiva entre estos rústicos viva quien me desprecia y abrasa. Ah, villanos, ¿cuya es esta casa? |
| Lisardo | A mí me cuesta dinero. |
| Fisberto | ¿Qué tierra es ésta? |
| Lisardo | Del Duque de Mantua. |
| Fisberto | Pues, tened aquí recogida esta mujer, sin dejar que salga de este lugar. |
| Floro | Y so pena de la vida. |
| Cosme | ¿So qué de la vida? |
| Floro | Digo que la vida os costará se de esta casa se va. Abrid los ojos, amigo. |
| Cosme | Él es el sopena y miente que aquí no hay otro sopena. |
| Lisardo | Estás loco. ¡En hora buena! |
| Cosme | Y para mí soldemente. Váyase allá a sopenar a algún asno, hermano suyo, que si alcanzo un canto y huyo, no ha de poderme alcanzar. |
| Floro | ¿Conocéis al duque? |
| Lisardo | No, a su padre conocí. |
| Floro | Éste es el duque. |

| | |
|---|---|
| Gila | ¡Ay de ti! |
| Cosme | Éste es el duque como yo. No tiene ningún pergeño de duque. |
| Lisardo | Con gusto grande, sí, haremos cuanto nos mande que en efecto es nuestro dueño. |
| Cosme | ¡Si una cabra coja y ciego sabe correr y trepar! ¿Hemos aquí de guardar una mujer palaciega? |
| Fisberto | Porcia, de término tienes tres días para pensar si te conviene casar o proseguir tus desdenes. Mira el estado que gozas siendo, Porcia, mi mujer; y si no, vuelves a ser pobre dueño de seis chozas. |
| Porcia | Bien me prometo y me fío, siendo tuya, grande bien. No llames, duque, desdén ni arrepentimiento mío. Falta de salud le llama y a tantas melancolías darán fin estos tres días. |
| Fisberto | Tres siglos son a quien ama. |

(Dale a Lisardo un bolsillo.)

| | |
|---|---|
| | Toma, buen hombre, y ten cuenta con el huésped que te doy. ¡Ay, Floro, perdido voy. |
| Floro (Aparte.) | (Nuevos engaños intenta.) |

(Vanse Fisberto y Floro.)

| | |
|---|---|
| Lisardo | Por serviros cual se debe tantos rebaños quisiera que en esa verde ribera formaran montes de nieve. |
| Cosme | Cuando quisiere ir al río a pescar alguna anguila, irá en la burra de Gila o en el asno de mi tío. |
| Gila | ¿Qué la has dicho? |
| Cosme | Así lo adobo o en brazos la llevaré. ¡Par Dios que la resquebré! Luego dirán que so bobo. |
| Porcia | Desde aquí, Marcela mía se cumplirá mi deseo. Dichosa yo, que me veo sin tanta melancolía. |
| Marcela | Pienso que no ha de estar firme en esa resolución. |
| Porcia | Si es ésta mi inclinación, ¿cómo puedo arrepentirme? La libertad he cobrado, que el gusto no tiene precio. Y con un marido necio, ¿de qué sirve un rico estado? Mis pensamientos están alegres. Ya no se quejan. Pajarillos son que dejan las uñas del gavilán. De otro modo imaginé al duque y dije «sí»; mas cuando le conocí mi libertad estimé. Ya sé, tras de varios antojos, que la elección del marido no ha de entrar por el oído, porque el «sí» han de dar los ojos. Ya a la Flor nos volveremos. |
| Marcela | Si nos dejan los villanos. |
| Porcia | Joyas saben dar mis manos. |

(Habla a los pastores.)

Vuestro amor agradecemos.

(Vanse Marcela y Porcia.)

Cosme        ¿Quién es ésta?

Gila         Ellas lo saben. Mujer perdida será.

Cosme        Tantas debe de haber ya que en las ciudades no caben.

(Vanse. Salen el Duque, su hermano el conde y Camilo.)

Camilo       En efecto, señor, melancolía, alguna hierba o flores venenosas la hicieron delirar, y así Fisberto a la Flor la volvió.

Duque        Bien se presume con esto que es verdad lo que refiere César de Porcia, pues que no venía a Mantua con el gusto que debía.

Conde        Cuando partí de Roma alborotado de asistir a tus bodas, y pensaba hallar en casa una cuñada hermosa, novedades escucho no pensadas.

Duque        Gran dicha, hermano, fue saberlo a tiempo.

Conde        Ver a César deseo.

Duque        Llama a César, y prevenid los dos la montería. que al monte habemos de ir.

Camilo       Allí está César.

(Vanse los criados. Sale Lucrecia con un retrato y una carta.)

| | |
|---|---|
| Lucrecia (Aparte.) | (Ayuda, Amor, al deseo de una infelice mujer. La carta quiero leer como que al duque no veo. No me mira. En vano leo; mi desdicha es pertinaz.) |
| Conde (Aparte.) | (Buen talle tiene el rapaz.) |
| Lucrecia (Aparte.) | (Ya me pienso que me ha mirado. ¡Oh, si diese a mi cuidado ocio dulce, alegre paz! Que me pregunte, pretendo cuyo es el papel, y en vano. ¡Ah, flechas de Amor tirano! La triste vida defiendo.) |
| Conde | Un papel está leyendo con atención y placer. |
| Duque | De Porcia debe ser que en los que amantes han sido hace treguas el olvido, y paces no sabe hacer. César. |
| Lucrecia (Aparte.) | Mi señor. (Aquí finjo turbación.) |
| Duque | La mano llega a besar a mi hermano. |
| Lucrecia (Aparte.) | (Incitarle quiero así a ser curioso. ¡Ay de mí! ¿Y cómo me persuades, Amor, a dificultades?) |
| Duque | La carta me has de mostrar. |
| Lucrecia | Nunca sé disimular a tu alteza las verdades. Es carta de la duquesa de Amalfi. |
| Duque | ¿Y tanto recato? |
| Lucrecia | Viene con ella un retrato, y a fe, señor, que me pesa que lo hayas visto. |

**49**

Conde — Con esa turbación vas incitando a que estemos deseando ver esa carta los dos.

Lucrecia (Aparte.) — (Pues, buena pascua te dé Dios, que esto estaba yo esperando.)

Duque — ¿Aquel retrato te envía?

Lucrecia — La carta te lo dirá.

(Lee el Duque.)

Duque — «César, pues que sabes ya la infatigable porfía con que lucha el alma mía por amor del duque y eres discreto, si bien me quieres, haz con prudencia y recato que pueda ver mi retrato y avísame si le vieres mostrar señales de amor; y esto, César, ha de ser sin que yo llegue a perder un átomo de honor.»

Conde — ¡Incomparable favor!

Duque — Notable facilidad que pueda haber voluntad donde no se comunica.

Conde — Amor sin lengua se aplica; muda es siempre su bondad.

Lucrecia (Aparte.) — (No echaron de ver que es mío, que tiene más hermosura el retrato, y me asegura el traje de hombre con brío extraño a mujer. No fío de mi fortuna inconstante. Quiero ponerme delante y ver mi tormenta y calma que el sentimiento del alma se descubre en el semblante. Amor, si entre los colores de una lámina tan breve tu

|  |  |
|---|---|
|  | inmensa deidad no mueve con afectos interiores, ¿qué importan locos amores? A la pintura está atenta. El alma, no sé que sienta. Amor sus líneas retoca. ¡Ay, que ha torcido la boca! Señal que no le contenta. |
| Conde | Bellos ojos. |
| Duque | ¿Qué tan bellos? |
| Lucrecia (Aparte.) | (Aunque me tengan presente el retrato es diferente con el traje y los cabellos. Quiérome llegar a ellos. ¡Qué si el arte no me ayuda! ¿Qué ha de hacer la tabla muda, nave sin velas ni leme? ¡Ay de mí, que el alma teme! ¡Ay de mí, que el alma duda!) |
| Conde | Bello rostro, aire gentil. ¡Qué majestad representa! |
| Lucrecia (Aparte.) | (¡Ay, si él de ella se ha cuenta!) |
| Conde | ¡Que tiene ingenio sutil y el ánimo varonil! Tras el vuelo de un halcón corre un caballo a la acción más heroica y atrevida. |
| Lucrecia (Aparte.) | (Déte el cielo larga vida pues ayudas mi intención.) |
| Duque | A mí, conde, no me agrada una mujer animosa. Agrádame si es hermosa, pero hermosa afeminada, y tímida y delicada. Tras garza ni jabalí no la quiero; en casa sí, y un ratón la ha de espantar. |
| Lucrecia (Aparte.) | (Déte Dios, que te ha de dar si te quiero más que a mí.) ¿Date amor? |

**51**

| | |
|---|---|
| Conde | Esta hermosura, ¿no suspende y arrebata; no da vida al gusto, y mata la libertad más segura? |
| Duque | No me mueve. |
| Lucrecia (Aparte.) | (¿Hay desventura más trágica que la mía?) |
| Conde | Para mí es sereno día, nueva vida, Sol humano. |

(Quítale el retrato Lucrecia.)

| | |
|---|---|
| Lucrecia | Que me importa en esta mano. Suplico a vueseñoría. ¿Es posible que a tu alteza no le agrade esta mujer? ¿Qué defecto tiene? |
| Duque | Ser de altiva naturaleza y varonil gentileza. No hay en esto más razón que faltar inclinación. |
| Lucrecia | Estos ojos, ¿no son buenos? |
| Duque | No matan. |
| Lucrecia | ¿La frente? |
| Duque | Menos. |
| Lucrecia | ¿Y los labios? |
| Duque | Labios son. César, César, no hay amar si no le dan las estrellas; no bastan facciones bellas si no saben confrontar la sangre. |

(Vase el Duque.)

Lucrecia (Aparte.) (¡Qué inmenso mar de desengaños me aflige! En vano el amor me rige; en vano intentó mi mano. Todo en efecto fue en vano cuanto pensé y cuanto dije. Con tener más hermosura el retrato no bastó.)

Conde  Dádmele, César, pues yo estimo en más su pintura.

Lucrecia (Aparte.) (¿Qué letargo, qué locura ya me falta en tanto mal?)

Conde ¿Oyes?

Lucrecia (Aparte.) (¡Ah, pena inmortal!, ¿qué esperanza hay prometida? No tenga el retrato vida pues, muere el original. ¿Quién la lámina rompiera? ¿Quién del alma se arrancara este amor? ¿Quién nunca amara? ¿Quién sentidos no tuviera? Si en vano soy la tercera de mí misma.

Conde Más valor en pincel, tabla y color hallo yo. No le arrojéis.

Lucrecia (Aparte.) (¿Qué importa si no tenéis vos su talle, ni él su amor?)

Conde ¿Cómo le habéis despreciado? Siquiera porque os parece alguna cosa, merece ser de vos más estimado.

Lucrecia Algunos han sospechado que es mi madre.

Conde Y puede ser.

(Vase el Conde.)

Lucrecia       El duque me ha de querer aunque desprecios escucho
que al fin, al fin, pueden mucho amor, ingenio y
mujer.

Fin de la primera jornada

## Jornada segunda

(Salen Porcia y Marcela de villanas y Cosme.)

Porcia
  Marcela, con este traje
podremos irnos mejor
disfrazados a la Flor
y no es muy largo viaje.
 Que nos haga compañía
a Cosme persuadiremos,
y es bien que nos disfrazemos
por si tiene alguna espía
 el duque. Nise me digo,
tú Pascuala, y de esta suerte
como quien huye su muerte
iré animosa contigo.

Cosme
  Pardiobre, que nueso traje
se asienta mucho mejor.
Cosquillas tengo de amor
aunque me llaman salvaje.
 Más hermosa te imagino
que una colmena testada,
que una cabra remedada,
que un saque lleno de vino;
 más que el manso con su esquila,
más que la nata sabrosa.
¡Pesia tal si estás hermosa!
¡Pues, malos años para Gila!

Porcia
  Cosme, escucha, y esto sea
sin que lo sepa tu tío:
a cierto negocio mío
queremos ir a la aldea.

|              | ¿Podrás nos acompañar? |
|---|---|
| Cosme | Y aun la llevaré el camino, |
|       | cabellera en un pollino, |
|       | que no haya más que mirar. |
| Porcia | Pues, Cosme, cuidado y calla. |
| Cosme (Aparte.) | (Ser su marido deseo |
|       | y me enturbio si la veo; |
|       | habrar quiero sin miralla.) |
| (Vuelve la espalda.) | Escuche a Cosme, muesama: |

No haya dimes y dirétes.
Los montes son alcahuetes
del pastor que pena y ama.
   Entre jarras y tomillos
suele andar listo el demonio;
únzanos el matrimonio
como a dos mansos novillos.
   Yo soy el zagal mejor
que da silbos al ganado;
canto como un ruín criado
si no como un ruín señor.
   Cuando pastores, tiraron
la barra con fuerzas tales
que íbamos cuatro zagales
y solos tres me ganaron.
   Pues mi música no eleva
oyendo mi melodía,
aunque cante todo el día
No hay peñas con que se mueva.
   Cuando canté en esos cerros,
pensando que el que cantaba
era algún lobo que aullaba,

                    se juntaron dos mil perros.
                    Pues el muérgano, yo y Bras,
                    le hacemos que suene y cante;
                    él le toca por delante
                    y yo le soplo por detrás.
                    Ya en el tamboril me aveso.
                    Verme tañer es locura,
                    soy ridícula figura.
                    No sé callar si escopieso.
                    Satanás no hará que calle
                    si echo el chorro tan ahina,
                    pues si toco una bocina,
                    atronaré todo el valle.
                    ¿Quién de mijor habilidá
                    que yo? ¡Qué porrete he sido;
                    que yo solo he componido
                    las copras de la, la, la.
                    Ya me quiero recordar
                    de una copra escura y clara.
(Aparte.)           (No he de miralla la cara
                    por no volverme a enturbiar.)

Marcela             Deja de escuchar simplezas.
                    Retírate a aquesta fuente,
                    que viene cazando gente
                    por estas verdes malezas.

Porcia              ¡Ay, si es el duque, esta vez
                    ha de hacer que me detenga!

Cosme               En el pico de la lengua
                    tengo la copra, ¡pardiez!

(Sale Gila.)

| | |
|---|---|
| Gila | ¡Qué elevado está el demonio!<br>¿Conjuras algún ñublado? |
| Cosme | Esta vez me he recordado.<br>No quiero tu matrimonio<br>   Gila, porque eres muy terca.<br>No sabes callar. Si habras,<br>andas más que siete cabras<br>y gruñes más que una puerca.<br>   ¿Qué le dice, su mercé,<br>si tengo buena habilidad.<br>Yo le digo la verdad:<br>Gila es mala hembra, a fe.<br>   Bien no podemos casar;<br>póngase Gila de lodo. |
| (Aparte.) | (Y pues ya lo he dicho todo,<br>agora la he de mirar.) |
| (A Gila.) | Cro que oíste lo que he dicho. |
| Gila | Mal, cro que venga por ti;<br>toda la copra tuya oí. |
| Cosme | Pues, Gila, lo dicho dicho. |
| Gila |    Pues mala pascua os dé Dios,<br>y la primera que venga.<br>¿Falta quien amor me tenga<br>y más sabiendo que vos?<br>   ¿Qué zagal no me resquiebra<br>quitada la gallaruza?<br>Unos me dicen lechuza,<br>otros me dicen culebra,<br>   y con todos me emberrincho. |

Cosme       ¡Lindos resquiebros, par Dios!
            ¿Lechuza y culebra sos?
            Pues, Gila, lo dicho dicho.

Gila            ¿Qué lobo tiene más brío
            si se emperra una mujer?
            Mil araños te he de hacer.

Cosme       ¡Qué me fuerza Gila, tío!

(A Marcela.)

Porcia      ¿No gustas de aquella fiesta?

Gila        ¡Qué me vengan estos males
            por unas tales por cuales!
            ¡Ah, jodías para ésta!

(Vanse Gila y Cosme.)

Porcia          Ya que nos guarda esta selva
            melancólicas y solas,
            forma de esas amapolas
            y cándida madreselva
                un ramillete, y divierte,
            al correr de esta agua fría,
            mis cuidados.

Marcela                  Algún día
            con más contento he de verte.

Porcia      Cuando estemos en mi casa.

**59**

| | |
|---|---|
| Marcela | O cuando mudes de intento. |
| Porcia | Eso no. |
| Marcela |     Goza del viento<br>que por estos sauces pasa. |
| Porcia |     Hacer quiero lo que dices. |
| Marcela | Aquí te puedes sentar. |
| Porcia | Vuelve, Marcela, a cantar<br>mientras junto los matices<br>    de silvestres florecillas. |
| Marcela | Presto tu Flor has de ver. |
| Porcia | Aquésa, sí que ha de ser<br>la flor de las maravillas. |

(Cantan Marcela y Porcia.)

| | |
|---|---|
| Marcela |     Arroyuelo de cristal<br>que corréis manos y libres,<br>dad a precio de belleza<br>vuestra libertad a Nise. |
| Porcia |     ¡Ay de aquélla que vive<br>en campos extranjeros sola y triste! |
| Marcela |     Si eres espejo del monte,<br>fuente que alegre te ríes,<br>mira que tienes Narcisos<br>que en tus cristales se miren. |

| | |
|---|---|
| Porcia | ¡Ay de aquélla que vive<br>en campos extranjeros sola y triste! |
| (Sale el Duque.) | |
| Duque | Mucho me empeñé siguiendo<br>aquel corzuelo que tigre<br>parece en las manchas. Sauces,<br>dadme sombras apacibles. |
| (Canta Marcela.) | |
| Marcela | Si desterrados del monte<br>vais, arroyuelos felices,<br>dando perlas a las flores,<br>¿quién habrá que no os envidie? |
| Porcia | ¡Ay de aquélla que vive<br>en campos extranjeros sola y triste! |
| Duque | ¿Cuándo se vio el Sol dorar<br>más alegres horizontes?<br>¿Tienen sirenas los montes<br>como las aguas del mar?<br>Vuelve, villana, a cantar<br>y en estos prados floridos<br>triunfarás de mis sentidos<br>dando pasiones y antojos<br>con tu belleza a los ojos,<br>con tu voz a los oídos. |
| Marcela | ¡Ay, señora, un cazador<br>te ha mirado atentamente. |

| | |
|---|---|
| Porcia | Háblale rústicamente
para encubrirnos mejor. |
| Duque (Aparte.) | (Las fábulas del amor
de Venus y de Diana
tienen beldad soberana.
Ya no es acción fabulosa;
no vi mujer más hermosa.
¡Válgate Dios, la villana!
  Si saben que el duque soy,
vergonzosas, no han de oírme.
Criado quiero fingirme
que al duque buscando voy.
¡Con qué alborozo que estoy,
qué gustoso y qué alentado!)
¿Habéis visto si a este prado
el duque del monte baja? |
| Marcela | En mi vida le eché paja. |
| Duque | Mirad que soy su criado.
  Respondedme. |
| Marcela |               Si servís,
vos tenéis mala ventura. |
| Duque (Aparte.) | (Ésta parece aventura
de las selvas de Amadís.
Las cinco flores de lis
no tienen, en mi opinión,
el precio y estimación
que aquellas rústicas flores.
¡Amor, si matas de amores |

|  |  |
|---|---|
| | con villanas, es traición!) |
| Marcela | No hemos visto a su señor. Pase adelante, mancebo. |
| Porcia (Aparte.) | (Llámale Narciso nuevo. Dile Adonis cazador. No quiso el hado traidor dar al duque gentileza como a éste.) |
| Duque (Aparte.) | (¡Qué belleza!) |
| Porcia (Aparte.) | (¡Qué encontrados han estado en el amo y el criado, Fortuna y Naturaleza!) |
| Duque | No me despidas, serrana, deja tú que me despida la que da estas plantas vida, la que es alba soberana, la que entre sombra villana un ángel pienso que sea; de modo que en concha fea se esconde perla preciosa, o como cándida rosa que de espinas se rodea. |
| Porcia (Aparte.) | (Dulces sus palabras son, ojos tened resistencia; que al principio es complacencia y después delectación la más ardiente pasión.) |

| | |
|---|---|
| Duque | Hablad ya, si no pretende<br>la voz, que así se defiende,<br>remedar esta espesura<br>que tiene muda hermosura. |
| Marcela | Es francesa y no os entiende. |
| Duque | Si en este bosque de amor<br>venís a cazar, francesa,<br>ya tenéis hecha la presa<br>en el mismo cazador.<br>Dadme, señora, una flor<br>de ésas que la mano guarda;<br>rayos serán en quien arda<br>el que los de Francia os diera.<br>Imposibles emprendiera<br>por vos, francesa gallarda. |
| Marcela | Váyase a cazar y calle. |
| Duque | ¿Dónde iré que más bien haya? |
| Porcia | No le digas que se vaya<br>que me agrada su buen talle. |
| Duque (Aparte.) | (Mayo alegre, que a este valle<br>verano eterno promete,<br>dame flores y diréte<br>villana en el porfiar.) |
| Porcia (Aparte.) | (Rabiando estoy por hablar<br>y aun por darle el ramillete.<br>¿Qué es esto, suerte fatal?<br>¿Quién ha de entenderte? ¿Quién, |

|            | si éste me parece bien |
|------------|------------------------|
|            | al paso que el duque mal?) |
|            | Yo quiero ser liberal |
|            | con quien es tan cortesano. |
|            | Hasta aquí negó mi mano |
|            | flores que valen tan poco |
|            | porque fuera almendro loco |
|            | si diera flores temprano. |
| Duque      | Si loco suelen llamar |
|            | al almendro porque dio |
|            | flores que el cierzo abrasó, |
|            | el fruto podré esperar |
|            | de quien flores tarda en dar. |
| Porcia     | Lográis la comparación; |
|            | mas mi agreste condición |
|            | fruto amargo y flores vanas |
|            | ha de dar, que las villanas |
|            | árboles silvestres son. |
| Duque (Aparte.) | (Eso me tiene suspenso |
|            | que las manos y el lenguaje |
|            | están desmintiendo el traje, |
|            | y no sé lo que me pienso. |
|            | Sé que mi gozo es inmenso.) |
| Porcia (Aparte.) | (Y yo sé que no sabía |
|            | qué era amor, y la alegría |
|            | que el alma siente de verlo |
|            | o es amor o quiere serlo |
|            | si hay amor en profecía.) |
| Duque (Aparte.) | (Sacad este encantamiento, |

| | |
|---|---|
| | mi imaginación.) Señora, ¿quién eres? |
| Porcia | Una pastora que desdichas apaciento. |
| Duque | ¿En tanto merecimiento desdichas pueden caber? |
| Porcia | Sí caben, que soy mujer. |
| Duque | ¿Y cómo te llamas? |
| Porcia | Nise. |
| Duque | ¿Quieres bien? |
| Porcia | Porque no quise ando así. |
| Duque | ¿Y sabrás querer? |
| Porcia | Aborrecer he sabido, ser mudable, ser esquiva, desdeñar, ser altiva. Mi propio interés olvido; mis desdichas he querido. Dije sí, y después negué; no correspondí mi fe. Estima aquello que valgo. Si de éste queréis vos algo, esto solamente sé. |
| Duque | Luego si os tengo afición mil imposibles conquisto. |

| | |
|---|---|
| Porcia | ¡Ay, Marcela, que resisto
en vano mi inclinación.
Ya he dicho que es condición
de villanas dar rigores;
que son rústicos favores
los que usamos por acá. |
| Duque | Arbol que ese fruto da,
¿para qué engaña con flores? |
| Porcia | Trasplantado puede ser
que dé fruta más perfecta. |
| Duque | Esta villana es discreta.
Ya la vi; fuerza es querer. |
| Porcia | ¿Y quién sois no he de saber? |
| Duque (Aparte.) | (Ya me da esperanza.) Sí,
Fisberto soy, y serví
al duque de gentil hombre. |
| Porcia (Aparte.) | (¿Quién dijera que este nombre
fuera dulce para mí?)
Sospecho que gente suena
y si es el duque estad cierto
que no os puedo hablar, Fisberto,
que señores me dan pena. |
| Duque | Siendo así, mi industria es buena.
Negaré quién soy. |

(Sale Fisberto.)

Fisberto (Aparte.)           (Amor,
que te pones al temor
porque del todo me pierda,
afloja al arco la cuerda,
flecha con menos rigor.
   Los pasos del duque sigo
como quien teme y desea,
receloso de que vea
a Porcia; mas ya maldigo
mi atrevimiento enemigo.
¿No es aquélla Porcia? Sí,
de villana está y así
se ha vestido con razón
de su misma condición.
¡Perdido soy! ¡Ay de mí!
   Ya el duque le habrá contado
mis engañosos intentos;
en confusos pensamientos
tengo el ingenio turbado.
¿Qué he de hacer?)

Porcia                     Que sois criado
del duque, ¿de veras?

Duque                     Sí.

Porcia         ¿No es el duque el que está allí?

Duque (Aparte.)    (Pierdo el bien que me prometo
se éste habla. Él es discreto;
bien me ha de entender así.)
   Por esta verde maleza
pasó una silvestre cabra.

|   |   |
|---|---|
| | Sin hablarme más palabra<br>puede seguirla tu alteza.<br>No descubra la cabeza.<br>¿Conmigo tal cortesía? |
| Fisberto (Aparte.) | (¿Qué es esto, desdicha mía?<br>Con razón temo y me aflijo.) |
| Duque | La villana me lo dijo<br>porque yo no lo sabía. |
| Fisberto (Aparte.) | (Porcia contó mi traición<br>y el duque por este estilo<br>me avergüenza. Cual Perilo<br>muero en mi misma invención.<br>¡Qué abismos de confusión!<br>No sé qué tengo de hacer.) |
| Duque | No me debe de entender<br>tu alteza. |
| Fisberto (Aparte.) | (No hay esperanza.<br>Ella buscó su venganza.<br>¡Qué maravilla es mujer!) |
| Duque | Ésta a quien hablando estoy<br>la vio saltar de una roca.<br>Ella la vio y no está loca,<br>y así crédito la doy.<br>¿Qué dudas? |
| Fisberto (Aparte.) | (Perdido soy.<br>Todos mis engaños sabe.) |

Duque (Aparte.)  (¿Qué así este necio no acaba
 de entenderme?)

Fisberto (Aparte.)   (Que la fingí
 loca a ella, y duque a mí,
 le ha contado. Caso es grave.)

Duque   ¿En qué duda vuestra alteza?
 ¿Tiénele el amor suspenso?

Fisberto (Aparte.)  (¿Otro mote?)

Porcia (Aparte.)   (Cielo inmenso,
 ¿por qué la Naturaleza
 dio a Fisberto gentileza
 y al duque le dio ninguna?
 Humilde amor me importuna.
 ¡Oh, quién las suertes trocara!
 ¡Ay, Naturaleza avara!
 ¡Ay, qué pródiga Fortuna!)

Duque (Aparte.)   (No puedo echarle de aquí
 con señas ni con razones.
 Las amorosas pasiones
 disculpa tendrán en ti.
 Este ángel humano vi;
 no me impidas el amar.)

Fisberto (Aparte.)  (¿Qué más claro puede hablar?
 Ya mi desdicha comienza.
 Responderé con vergüenza;
 responderé con callar.)

(Vase Fisberto.)

| | |
|---|---|
| Duque | Gracias a Dios que se ha ido porque sin gusto no estés. Por no hablarme descortés, palabra no ha respondido. |
| Porcia | Aun no nos ha conocido el duque. Voyme, no vuelva. |
| Duque | Pues tu condición resuelva; que he de amarte. |
| Porcia | Libre está. |
| Duque | ¿Podré verte? |
| Porcia | Sí, podrás. |
| Duque | ¿Dónde, Nise? |
| Porcia | En esta selva. |
| Duque | ¿Y dasme alguna esperanza? |
| Porcia | Ni te la doy, ni la niego. |
| Duque | Dudoso está mi sosiego. |
| Porcia | ¡Discreta desconfianza! |
| Duque | ¿Serás firme? |
| Porcia | En la mudanza. |

Duque            ¿Quieres que mi fe te asombre?

Porcia            Poca será, que eres hombre.

Duque            ¿Qué he de hacer sin ti y a solas?

Porcia            Díganlo estas amapolas
con la mitad de su nombre.

(Vanse Porcia y Marcela.)

Duque
           De las flores no colijo
que tengan lengua cortés.
Amapolas, ama es
la mitad. Ama me dijo.
Amaré con regocijo.
La fábrica soberana
de los cielos hoy se humana.
Cielos son las selvas bellas;
las flores son las estrellas,
y el Sol es esta villana.

(Vase. Salen Ricardo y Lucrecia con hábito de hombre.)

Ricardo
           Ya que pretendes que el duque
se te inclina, justa cosa
me parece que te vea
en tu mismo traje.

Lucrecia
                   ¿Hay honra
que se ponga a tal acción?
Porque si no se aficiona,
¿cómo quedará Lucrecia?
¡Afrentada y vergonzosa!

Ricardo        Amor, ingenio y mujer
               facilitan mil victorias.

(Sale el Conde.)

Conde            Huélgome, César, de hallarte
               entre las pálidas sombras
               de estos sauces, porque quiero
               que comuniques mis cosas
               a la duquesa de Amalfi.
               Es el laurel que corona
               la firmeza de mi amor
               entre esperanzas dichosas.
               Hijo segundo nací,
               pero a ser señor de Europa,
               le hiciera su hermoso dueño
               mi inclinación amorosa.
               Obligarán mis deseos,
               ya que no hacerla mi esposa,
               a lo menos a que sepa
               quién es el que más la adora.
               Si tú, César, vas conmigo,
               cierto tengo la victoria.
               Serás el medio suave
               que mi fortuna disponga.
               Amor me debes, mi César,
               ¿qué mucho si alguna cosa
               pareces a este retrato
               ídolo de mi memoria?
               Que hermano bastardo suyo
               le piensa que eres; me informa
               ese criado que tienes
               sangre generosa.

            Vamos a Nápoles, César,
            tu fortuna poderosa,
            pues sois tú Amiclas, me saque
            del abismo de estas ondas.

Lucrecia    ¡Oh, si Lucrecia te oyera
            esas razones agora,
            pienso que fuera lo mismo
            que no oírte!

Conde                   ¡Rigurosa
            profecía!

Lucrecia                ¿Tú no sabes
            que ama al duque?

Conde                         Pues, ¿qué importa
            si el duque no se le inclina
            ni la conoce?

Lucrecia                Ella sola
            amará sin esperanza.

Conde             Émulo soy de sus obras;
            sin esperanzas amaré.

Lucrecia    ¡Qué desdicha!

Conde                   Mas, ¡qué gloria!

(Sale el Duque.)

Duque       Conde, Arnesto, amigo, hermano
            escucha un alma gozosa

					de perder la libertad
					que más los hombres adoran.
					Dichosa caza en que fui
					yo la presa, y me despoja
					del poderoso albedrío
					la más bella cazadora.
					Seguí un corzo, hallé una estrella;
					seguí un bruto, hallé una diosa;
					busqué sombras, hallé victoria.
					En efecto, amigo, vi
					la villana más hermosa
					que ha visto el Sol.

Ricardo				¿Oyes esto?

Lucrecia			Pluguiera a Dios fuera sorda.

Conde				¿Villana y tal hermosura?

Duque				Parece que de sus ojos
					Narcisos y Adonis salen,
					volviendo a su antigua sombra.

Ricardo				¿Qué villana ha de igualarte?
					Procura mostrarte agora
					en hábito de mujer.

Lucrecia			¿Cómo, sin que me conozca?

Ricardo				El ingenio ha de alcanzarlo.

Lucrecia			Dices bien. ¿Habrá una poca
					de sangre?

Ricardo  Sí, de esos ciervos
que yacen muertos.

Lucrecia  Disponga
esta máquina mi dicha.
Ricardo  ¿Hay industria?

Lucrecia  Milagrosa.
Ya no soy César que Amor
segunda vez me transforma.

(Vanse Lucrecia y Ricardo.)

Conde  ¿Quién puede ser esa Nise,
esa divina pastora
de tus perdidos deseos?

Duque  Ganados son, pues la adoran.
En arrugados mariscos,
en caracoles y conchas,
¿no engendra el blando rocío
perlas dando aljófar?
¿No está en ásperas cortezas
de una encina vieja y tosca
oro líquido y dulce
de la abeja cuidadosa?
¿Qué mucho que en estas selvas
entre esos montes y rocas
sustente Naturaleza
operación tan hermosa.

(Dicen dentro.)

Lucrecia  ¡Ay de mí!

| | |
|---|---|
| Ricardo | El cielo te valga. |
| Duque | ¿Qué es eso? |
| Conde | Alguna persona de ese peñasco ha caído. |
| Duque | César es, ¡qué lastimosa caída! Bañado en sangre tiene el rostro. |
| Conde | Y por la boca la arroja copiosamente. |
| Duque | Lleguen todos y socorran ese muchacho. |
| Conde | Es mi azar caída tan peligrosa. |
| Duque | Llévanle luego a esa aldea a curar. |
| Conde | Ricardo, toma para regalar a César. |
| Ricardo | No podrá vivir dos horas. |

(Vase Ricardo.)

| | |
|---|---|
| Conde | A mi amor y mi fortuna helados los pasos corta; en mi desdicha consiste |

                        su desgracia lastimosa.

(Salen Fisberto y Floro.)

Fisberto         En piélagos de peligros
                 se anegan la vida y honra.
                 Ya de mis amores supo
                 el duque la leve historia.
                 Dame Floro algún consejo.

Floro            Si fácilmente perdonan
                 los príncipes, porque tienen
                 sangre y piedad generosa,
                 échate a sus pies.

Fisberto                           Bien dices,
                 que como yo reconozca
                 mis errores, podrá ser
                 que algunas disculpas oiga.
                 Fisberto está en tu presencia
                 humilde a tus pies se arroja.

Duque            Pesado y necio has estado.
                 Tu inadvertencia me enoja.
                 Nunca creyera de ti
                 que mis ansias amorosas
                 no entendieras, estorbando
                 la ocasión casta y hermosa.

Fisberto         Puede ser, si bien lo miras,
                 que en su pecho y en su boca
                 pasión haya y no verdad.
                 Advierte que es rigurosa.

| | |
|---|---|
| Duque | ¿Entendiste la razón<br>y aquella industria ingeniosa<br>por qué duque te llamaba? |
| Fisberto | Bien claro está. ¿Quién la ignora?<br>Mas, señor, ¿cuántos ejemplos<br>en las humanas historias<br>habrá en mi disculpa? |
| Duque |           Al fin,<br>¿cómo queda aquella loca?<br>¿Cómo está aquella liviana,<br>fácil y necia de Porcia? |
| Fisberto | Si a ese estilo riguroso<br>para avergonzarme tornas,<br>poca piedad hallo en ti. |
| Duque | ¿Qué hierbas son venenosas<br>las que hicieron delirar<br>su discurso? |
| Fisberto |           Amor responda<br>a esas airadas palabras<br>por tal estilo injuriosas. |
| Duque | ¿Si fueron melancolías<br>las que el seso le transforma? |
| Fisberto | Baste, señor, el castigo<br>a quien sirve sin lisonja<br>y con amor a tu alteza. |
| Duque | Cuando la dejaste sola, |

|            | ¿mostró pesar o alegría? |
|---|---|
| Fisberto | Tus palabras son ponzoña
que bebe mi entendimiento.
¿No se cuenta la acción propia,
y el mismo error de Marcelo
con la romana matrona
que adoraba Fabio y otros?
¿No han hecho lo mismo? |
| Conde | ¿Notas cuán sin propósito
responde a diversas cosas? |
| Duque | ¿Acaso a tu parecer
es muy discreta, es hermosa? |
| Fisberto | Eso ha sido, duque, el daño
como ves. Díganlo solas
mis graves melancolías. |
| Duque | He sospechado una cosa:
que viene enfermo Fisberto
de la enfermedad de Porcia.
¿No le ves cuán pensativo,
cuán melancólico torna,
delirando en las razones? |
| Floro | Por sus mismos filos corta
su castigo que este estilo
da confusión vergonzosa. |
| Fisberto | ¿No usurpó el reino Dionisio
a su señor? Más furiosa,
más errada acción fue aquélla |

       y aún halló misericordia.
       Acuérdome, que leí
       en los amores de Flora
       de un criado de Aristipo
       mi mismo caso.

Duque         ¡Qué loca
       y qué errada fantasía!

Conde       Flores hay tan venenosas
       que oliéndolas descomponen
       el juicio.

Duque        Son las obras
       de Naturaleza raras.

Fisberto    Ellos consultan agora
       mi sentencia. Traiga, conde,
       vueselencia, a su memoria
       mis servicios y deseos.
       Interceda bien.

Duque        Recojan
       a Fisberto hasta que sane.
       No dejes, Floro, que a solas
       ande por aquestos campos.
       No caiga de alguna roca.
       Con la música se alegra.
       Diviértele mientras cobra
       el seso perdido.

Conde        ¡Ah, pobre!
       ¿Qué hierbas fueron? ¿Qué rosas
       de Tesalia las que oliste?

Floro (Aparte.)   (A él le dan la pena propia
                  que dio a Porcia.)

Conde                       ¡Qué dolor!

Duque             ¡Qué lástima!

(Vanse el Duque y el Conde.)

Floro                   De tu boca
                  fueron aquellas palabras.

Fisberto          Bien es, Floro, que me impongan
                  la pena del Talión.
                  Sentencia ha sido piadosa,
                  pues la vida no me quitan;
                  mas si el seso es quien adorna
                  al ánima racional
                  y de este bien me despojan,
                  no es piedad, sino rigor.
                  Sácame del pecho a Porcia.
                  Parte, Floro, el corazón,
                  que con fuerzas prodigiosas
                  ha sido; tiene este amor
                  que ya sus venenos obran.

(Salen el Duque y el Conde.)

Duque             Quiero a Fisberto de modo
                  que sus voces me provocan
                  a piedad.

Conde                       ¿Si son amores

|           | éstos que siente de Porcia? |
|---|---|
| Duque | Amigo Fisberto, escucha: |
|       | si son ansias amorosas |
|       | de Porcia las que te afligen, |
|       | bien es que mi amor conozcas. |
|       | Tuya ha de ser, no la quiero. |
|       | ¡Por los cielos que tu esposa |
|       | ha de ser aunque no quiera. |
|       | Una de mis villas toma |
|       | y serás más rico que ella. |
| Fisberto | ¿Hablas de veras? |
| Duque | Tus cosas |
|       | no las trato yo de burlas. |
| Fisberto | Vivas edades dichosas. |
|       | Hágante nuevo Alejandro, |
|       | más estatuas que dio Roma |
|       | a sus cónsules, y excedan |
|       | en milagro a la de Rodas. |
| Duque | Alégrate, y ven conmigo |
|       | que he de ver la labradora |
|       | que arrebató mis sentidos. |
|       | Y porque ella es vergonzosa, |
|       | entretendrás los villanos |
|       | mientras que yo pueda a solas |
|       | verla. Duque te fingí |
|       | por esto. |
| Fisberto (Aparte.) | (¡Suerte dichosa! |
|       | Vive Dios que no ha sabido |

mis intentos hasta agora.
En vano el hombre sus desdichas llora
si suele el cielo mejorar las honras.

(Vanse todos y salen Cosme, Porcia y Marcela de labradores.)

Cosme
    Ya tengo pan y tasajo
si hemos de ir el camino.
Y está esperando el pollino
pensativo y boca abajo.
    Porque vaya en perfección
le acabo yo de enramar
como si le hubiera de dar
las vueltas de San Antón.
    Vestido está de una jalma
de las más lindas que vi;
ésta ha de llevar a ti
y yo al pollino en el alma.
    Vamos, subirás en él
porque quiero acompañarte
y si el asno ha de llevarte,
¡ojalá fuera yo él!

Marcela
    Vamos, y podrás salir
de temor y de tormento.

Porcia
    No sé, Marcela, que siento
que no tengo gana de ir.
    El ánimo está trocado.
¡Ay, qué fineza de amor!
Que aborreciendo al señor
me inclinó el cielo al criado.

(Salen Ricardo, Lucrecia y Lisardo.)

| | |
|---|---|
| Ricardo | Laura, en efecto, se llama
ésta, mi hermana, Lisardo,
y un cortesano gallardo
sus ojos hermosos ama.
  Y así en tanto que se pasa
la pasión ardiente suya,
con nombre de hija tuya
la has de tener en tu casa.
  El cuidado que te doy
con esto empiezo a pagar. |
| Lisardo | Argos seré en el guardar.
Ya Laura, tu padre soy.
  Depósito general
es mi casa de mujeres,
pero trae cuantas quisieres
si has de ser tan liberal. |
| Lucrecia | Hija te seré obediente. |
| Lisardo | Es tu gracia peregrina;
aquí tengo otra sobrina
porque yo ya soy pariente
  de todo género humano. |
| Ricardo | Segura estás de esa suerte
de que no han de conocerte
que en este traje villano
  aun te desconozco yo. |
| Lucrecia | La ficción de la caída
me asegura; mas, ¡ay, vida!
¿Cómo está? ¡Qué Amor me dio |

|  |  |
|---|---|
| | siempre en enredos y engaños<br>brindando con mi hermosura! |
| Lisardo | Mira, Nise, mi ventura.<br>Ésta es la flor de mis años.<br>Hija es mía y ha venido<br>sola a verte de esa aldea. |
| Lucrecia (Aparte.) | (Si es ésta la que desea<br>al duque, yo me he perdido.)<br>Celosa estoy justamente;<br>su hermosura es soberana. |
| Ricardo | Sí, pero al fin es villana<br>y hablará rústicamente. |
| Porcia | Si mujeres tan hermosas<br>producen las soledades,<br>todas las populosas ciudades<br>podrán estar envidiosas.<br>Flores creí que nos daban<br>los campos, mas no belleza<br>que admire a Naturaleza. |
| Ricardo (Aparte.) | (No es necia.) |
| Lucrecia (Aparte.) | (¡Qué bien la alaban<br>las ansias del duque! ¡Ay Dios!<br>¿Cómo estrañáis la beldad<br>del campo y la soledad<br>si vivís en ella vos?<br>Las maravillas presentes<br>no pudieran dar cuidado,<br>y más si os habéis mirado |

|  |  |
|---|---|
|  | como Narciso en las fuentes.) |
| Cosme | Dígame, Tío, ¿en qué tierra nació esta hija? |
| Lisardo | Después. |
| Cosme | De casta de hongos es; que ha nacido de la tierra. ¿Qué partesco me compete con la hija de mi tía? |
| Lisardo | Prima es tuya. |
| Cosme | ¿Prima mía? Déme un abrazo y apriete. Linda es como un manojo de rábanos y de espigas. Quiero arrojarle seis higas porque mal no le haga mi ojo. |
| (Sale Floro.) |  |
| Floro | ¡Ah, Lisardo!, a vuestra casa viene el duque, mi señor. |
| Porcia | ¡Qué desdicha! |
| Lucrecia | ¡Qué temor! |
| Porcia | Miedo tengo. |
| Lucrecia | Amor me abrasa. |

| | |
|---|---|
| Cosme | Id a limpiar el zaguán<br>que viene su reverencia. |
| Lucrecia (Aparte.) | (En dudosa competencia<br>mi amor y desdicha están.)<br>¿Quién habrá que no se asombre<br>de este mal que me fatiga?<br>Avisarte quiero, amiga<br>que este duque es un mal hombre.<br>Tú eres bella, él es traidor;<br>teme, amiga, sus agravios.<br>No sois ... tú a sus labios<br>No ......... a su amor.<br>Cuantas ve tantas codicia,<br>y las deja deshonradas.<br>No hay doncellas ni casadas<br>que resistan su injusticia.<br>Todo lo que digo es cierto<br>que en Mantua lo vi despacio. |
| Porcia | ¿Conocéis gente en palacio? |
| Lucrecia | Sí, conozco. |
| Porcia | Y un Fisberto,<br>¿qué tal es? |
| Lucrecia | Hombre de bien.<br>Ése sí, que ha merecido<br>ser de las damas querido. |
| Porcia | Vivas mil años, amén. |
| Lucrecia | Si te quiere, su lealtad |

|  |  |
|---|---|
|  | y honrado término obliga. |
|  | Guárdate del duque, amiga, |
|  | que en su lengua no hay verdad. |
| Porcia | ¡Con qué razón le desamo! |
|  | Huelgo que tu fe me avise. |
| Lucrecia | ¿Y cómo te llamas? |
| Porcia | Nise. |
|  | ¿Tú, amiga? |
| Lucrecia | Laura me llamo. |

(Salen Lisardo y Cosme.)

| Lisardo | Hijas, venid a sacar |
|---|---|
|  | ciertas frutas que prevengo |
|  | para el duque, pues no tengo |
|  | otras cosas que le dar. |
| Cosme | Saquen para mí también |
|  | pues que so persona humana. |

(Vanse todos. Salen el Duque, Floro, Conde, y Fisberto.)

| Duque | Veréis la mejor villana |
|---|---|
|  | que cielos y montes ven. |
|  | Disimula tú, Fisberto. |
| Fisberto | Mi enredo y máquina crece |
| (Sale Cosme.) | que ama a Porcia y la aborrece. |
|  | Si la conoce soy muerto. |

Cosme
  Hoy está cosa pajiza;
turbándome voy. Quisiera
con gente tan caballera
tener gran caballeriza;
  pero ya que venir quiere
donde Cosme, y Gila está,
perdone la voluntá
y reciba lo que hubiere.

Floro
  ¿No hay una silla?

Cosme
  Si tarda,
siéntese su alteza en mí
que soy un asno, y así
tendré muy gentil albarda.

(Sale con una silla de costillas. Sale Gila.)

Gila
  Siéntese aquí su grandeza.

Cosme
  No, esté de patas.

Gila
  De pies,
ignorante.

Conde
  Si ésta es
mal gusto tiene su alteza.

Duque
  No es ésta, que no he tenido
en el gusto tal error.

(Sale Lisardo.)

Lisardo
  Un mísero labrador,

|          |                                          |
|----------|------------------------------------------|
|          | bien pobre y mal prevenido,              |
|          | cuando a ser su guésped vienes,          |
|          | de sí mismo desconfía.                   |
| Fisberto | No sepan que es cosa mía                 |
|          | esa mujer que aquí tienes.               |
| Lisardo  | De villana anda, señor,                  |
|          | para mejor encubrilla.                   |

(Sale Marcela.)

| Marcela  | ¿Es menester otra silla?     |
|----------|------------------------------|
| Conde    | Duque, peor que peor.        |
| Duque    | Que no es ésta, ten paciencia. |
| Lisardo  | ¿Sobrina diré que es mía?    |
| Fisberto | Sí, y en mi valor confía.    |
| Lisardo  | Ya tengo de él experiencia.  |
|          | Y por si viene cansado       |
|          | y quizá quiere beber,        |
|          | frutas le mando traer        |
|          | de las que junio me ha dado. |
|          | Hija.                        |

(Sale Lucrecia con un plato de fruta.)

| Lucrecia | ¿Padre?   |
|----------|-----------|
| Lisardo  | Ven acá.  |

|         | Regalemos a su alteza. |
|---|---|
| Conde | Digo que es rara belleza. Vuélvole el crédito ya a tu buen gusto. |
| Duque | Aún no ves la que yo vi esta mañana. |
| Conde | ¿Puede haber otra villana más hermosa? |
| Duque | Un ángel es. |
| Fisberto | ¿Hija es tuya? |
| Lisardo (Aparte.) | Señor, sí. (Como el turco hoy la engendró el dinero que me dio.) |
| Conde | ¿Tal belleza nace aquí? |
| Duque | ¿Esto te espanta? Pues, mira, con un cristal de agua pura, el fénix de la hermosura que a los mortales admira. |

(Sale Porcia con un vidrio de agua y toalla.)

| Conde | Tiene el gusto su capricho. Más la primera merece. |
|---|---|
| Duque | Aquélla al cielo parece. |

| | |
|---|---|
| Conde | ¿Y ésta? |
| Duque | A César. |
| Conde | Bien has dicho.<br>Un aire tiene de aquél<br>desdichadillo que ya<br>o muriendo o muerto está. |
| Duque | ¡Ay, qué labios de clavel! |
| Conde | ¡Ay, qué mejillas de rosa! |
| Duque | ¡Qué hermosura peregrina! |
| Conde | La de la fruta es divina. |
| Duque | La del agua es más hermosa. |
| Lucrecia (Aparte.) | (Con los avisos que di<br>hoy a Nise, se han fingido<br>duque a Fisberto. Yo he sido<br>la tercera contra sí.)<br>¿Cómo, señor? |
| Fisberto | Solo quise<br>ver tus ojos extremados.<br>Da la fruta a estos criados;<br>venga el agua. |
| Lisardo | Llega, Nise. |
| Fisberto | Retiraos un poco. |

| | |
|---|---|
| Conde | Bien<br>representa su figura<br>Fisberto. |
| Fisberto | Si a tu hermosura<br>no iguala, Porcia, el desdén,<br>suplícote que no digas<br>agora a nadie quién eres. |
| Porcia | Haré, señor, lo que quieres. |
| Fisberto | Mucho, mi Porcia, me obligas.<br>¿Cuándo sin tanta mudanza<br>darás a mi mal quietud? |
| Porcia | Cuando tenga más salud. |
| Fisberto | Vida me da tu esperanza.<br>No quiero darte disgusto.<br>Goza de esta soledad. |
| Porcia | No hay fuerza en la voluntad<br>ni consiente ley el gusto. |
| Fisberto | Podrá ser que con los días<br>se mude tu condición. |
| Porcia | Ya he dicho, duque, que son<br>algunas melancolías. |
| Lucrecia | Amor, si en Chipre o en Samos<br>tu deidad vive absoluta,<br>pásala agora a esta fruta.<br>Deja las flores y ramos. |

             Como el duque enamorado
             da a mi hermosura valor,
             serán tus flechas, Amor,
             veneno de este bocado.
                Vos, gentilhombre, tomad
             con gusto y satisfacción
             este miserable don
             de pródiga voluntad.

Duque           Agradezco la merced
             de vuestras manos, señora,
             mas no tengo hambre agora;
             todo mi mal es de sed.
                Pasad adelante, que quiero
             beber en aquel cristal.

Lucrecia        ¿No veis que el agua hace mal
             si no se come primero?
                Bien sabemos las villanas
             esta física razón.

Duque        Tántalos mis ojos son
             entre el agua y las manzanas.

Lucrecia        Del agua tenéis antojos;
             ardiente fuego os provoca
             si está la sed en la boca,
             no la bebéis por los ojos.

Duque           Allá los ojos se han ido
             porque quien padece ardores,
             ama el agua.

Lucrecia                Tomad flores

|          | pues fruta no habéis querido. |
|----------|---|

Duque    Parecer no quiero ingrato
         pues me decís que las tome.

Conde    Ah, Fisberto, si no come
         pase adelante este plato.

Duque    Mi vida y ardiente fragua
         a decir lo mismo se atreve.
         Señor Duque, si no bebe,
         pase ya adelante el agua.

Lucrecia Flores os di, responded.
         ¿con vos tan poco merezco?

Duque    Digo que las agradezco.
         Deja que apague mi sed.

Lucrecia No hay arte para querer
         si no inclinan las estrellas;
         poco aprovechan sin ellas
         amor, ingenio y mujer.

Porcia   Aunque el agua habéis pedido,
         no os debe de arder el pecho
         que las frutas habrán hecho
         que esté el calor reprimido.

Duque    ¡Ay, Nise, en tus soberanos
         ojos mi fe se asegura
         más cándida, hermosa y pura
         que el agua que está en tus manos.
         No he comido, bien lo viste,

                tu amor en mí es absoluto
                y así espero solo el fruto
                de las flores que me diste.

Porcia             Mira bien si el fruto esperas
                de las que Laura te ha dado.

Duque            Las manos las han tomado,
                el alma no.

Porcia                    Lisonjeras
                  pienso, Fisberto, que son
                lengua y voz.

Duque                  Y sin agravios
                en los ojos y en los labios
                no te muestro el corazón.

Fisberto          En temores y recelos
                el alma se está abrasando.
                ¡Ay de mí; que están hablando!
                Encubrid a Porcia, cielos.

Conde              Vos, serrana, sois la palma
                que el Sol debe coronar
                como a rosa singular.
                Reverencia os hace el alma
                  cuando a tal merecimiento
                libre y sin amor me viera,
                sola esa hermosura fuera
                Reina de mi pensamiento;
                  y un retrato singular
                que estimo no da licencia
                a quien Amor reverencia

|  |  |
|---|---|
|  | por ídolo de su altar. |
|  |    Diómele Amor por ejemplo |
|  | de su alta naturaleza |
|  | gran fénix de la belleza |
|  | por imagen de su templo. |
| Lucrecia | Y quien vio fineza tal, |
|  | tanto amor, tanto recato, |
|  | que estimando mi retrato |
|  | desdeñe el original. |
| (Aparte.) |    (¡Ay, duque, que estos trofeos |
|  | con más razón me los debes!) |
| Porcia | ¿Por qué, Fisberto, no bebes? |
| Duque | Bebiendo están mis deseos. |
| Porcia |    Toma el vaso. |
| Duque |           ¿Para qué? |
| Porcia | Para que no se marchiten |
|  | esas flores que compiten |
|  | con su dueño. |
| Duque |           Y con mi fe. |
|  |    Bastan, Nise, tus enojos; |
|  | las flores puedes tomar |
|  | si las quieres abrasar |
|  | con los rayos de tus ojos. |
|  |    Tómalas sin más rigores |
|  | y a tus flores satisfagan. |
| Porcia | Flores con flores se pagan; |

|   |   |
|---|---|
|  | flores os di y me dais flores. |
| Lucrecia (Aparte.) | (Adora tú esa Lucrecia,<br>que allí mi amor se restaura.) |
| Conde | Vuelve acá tus ojos, Laura. |
| Lucrecia | Perdóname, que desprecia<br>mis flores aquel galán,<br>y en mi cólera me abraso.<br>¿Usase en la corte acaso<br>dar las flores que le dan?<br>Más cortés estimación<br>mi voluntad merecía. |
| Cosme | Dame el prato, prima mía,<br>si ha de andar al mojicón. |
| Lisardo | Valor tiene y sentimiento<br>la villana, y se ha picado<br>de que sus flores se han dado. |
| Conde | No es villano aquel aliento. |
| Lucrecia | Nise, estas flores son mías<br>y tu mano las profana. |
| Porcia | ¿Qué ha de hacer una villana<br>sino tales villanerías? |
| Lucrecia | La villana sois. |
| Porcia | Mentís. |

Cosme        Mi prima es mi gallo, ¡chas!
             Pégale bien.

Fisberto                No haya más.

Cosme        No haya más, señora Nis.


Lucrecia        No podéis ofender vos
             pensamientos eminentes.

Cosme        Nos querrán her encreyentes
             que son condesas las dos.

Lucrecia        Pardas nubes, cubren cielos,
             sayales cubren valor.
             No son hijos del amor
             sino de honor estos celos.
                Venga el galán, si le agrada
             cobrar las flores que estimo;
             que aunque soy mujer, esgrimo
             un venablo y una espada.
                Soy, debajo este sayal
             luz y rayo de otra esfera.
(Aparte.)    (Y soy, ¡ay de mí! tercera
             de mí misma por mi mal.)

(Vase Lucrecia.)

Conde           Varonil acción cuidado
             da a mis ojos. Ya la quise.

Duque        Este desprecio de Nise

|  |  |
|---|---|
| | me tiene a mí enamorado. |
| Porcia | Ya de Laura me he reído. |
| Fisberto | Esta modestia promete<br>tu cordura. |
| Cosme | El ramillete<br>de Muza y Daraja ha sido. |

Fin de la segunda jornada

## Jornada tercera

(Salen Fisberto y el Duque.)

Fisberto	Es tanta la merced que yo recibo
de vuestra alteza siempre, que me atrevo
encarecidamente a suplicarle
me saque de dos dudas.

Duque	Di Fisberto.

Fisberto	¿Por qué causa, señor, te arrepentiste
del casamiento que con Porcia hacías,
y por qué me la ofreces por mi esposa
habiéndola escogida para tuya?

Duque	Fisberto, eres mi deudo y mi privado;
quísete siempre bien, y así te fío
un secreto importante.

Fisberto	Sepultado
en mi pecho estará mientras viviere.

Duque	Con esa condición, sabe que Porcia
favoreció livianamente a César;
perdidamente amó. De él lo he sabido.
Si el amor que le tienes es tan grande
que siendo ella quien es condesa ilustre,
señora de la Flor, antigua villa,
no basta la flaqueza en que ha caído.
Aspiras tal estado y casamiento;
yo mismo iré a la Flor a persuadirla
que siendo tú mi deudo, fácil cosa
nos será reducirla a ser tu esposa.

                        Si no es tanto el amor que al honor vence,
                        la que se entrega fácil a un criado
                        no es buena para aquél que honor mantiene.
                        Por esto por extremo la aborrezco.
                        Considéralo, pues, atentamente.

(Vase el Duque.)

Fisberto                    Deseos mal corregidos,
                        amorosa confusión,
                        veneno, que al corazón
                        ha entrado por los oídos,
                        pensamientos mal perdidos,
                        rabia y celoso tormento
                        en que envidia inmortal siento,
                        venid, venid poco a poco
                        que bastáis a tornar loco
                        al más cuerdo sufrimiento.

(Sale Porcia.)

Porcia (Aparte.)        (A Fisberto dejé aquí,
                        y el duque está solamente.
                        Quiérome volver.)

Fisberto                                Detente,
                        ¿por qué vas huyendo así,
                        Dafne, ingrata para mí,
                        no convertida en laurel
                        y amorosa para aquél
                        que ha publicado tu infamia?
                        ¡Taís, Flora, Venus, Lamia,
                        fácil, torpe, hermosa, infiel!
                            Mira quién eres, que estás

                    dando a un paje el alma rica;
mira quién es, que publica
los favores que le das;
mira quién soy, que jamás
sentí rigor de los cielos
más cruel. Montes de hielos
me oprimen. Mátanme furias.
Sufro un piélago de injurias.
Lloro un abismo de celos.

Porcia (Aparte.)     (Fieros desengaños, hoy
mi desdicha habéis mostrado
pues Fisberto le haya contado
los favores que le doy.
Rabiando de enojo estoy.)
Oye, duque, espera, advierte
que quiero satisfacerte
por mi honor, que no por ti
que será el tratarme así
para más aborrecerte.
    Flora ni Lamia no han sido
quien da solo un ramillete,
si esperanza te promete,
si favores ha vendido.
Hase engañado, ha mentido
tu criado, que unas flores
no son livianos favores,
no son livianas promesas.

Fisberto     Por lo menos ya confiesas
noticia de estos amores.
    Y habiendo alguna verdad
en lo que el paje publica,
bien cruel se significa

|          | tu imprudente liviandad. |
|---|---|

Porcia  ¿Quién puede a mi honestidad
poner defecto?

Fisberto               El amor
de un criado.

Porcia                ¿Es deshonor
dar una flor a un criado?

Fisberto  Porcia, no es flor la que has dado
sino el dueño de la Flor.

(Vase Fisberto.)

Porcia     El que lo dijere miente
y miente quien lo pensare.
¡Mal haya quien se casare
con hombre tan maldiciente!
Como víbora reviente
si me casare contigo.
¡Ay, Fisberto! ¡Ay, enemigo!
Mi honor violentan tus labios,
todo es desdichas y agravios,
cuanto intento y cuanto digo.

(Sale el Duque.)

Duque      Nise, con cuyos favores
ven los montes por sus faldas
en las hojas esmeraldas,
y diamantes en las flores,
en los pájaros cantores

dulce y rústica armonía,
en las fuentes alegría,
en el cielo luz serena,
en el Sol envidia y pena,
y amor en el alma mía,
 ¿por qué tu hermosura llora
y perlas quiere verter?
Sol eres, y no has de hacer
el oficio del aurora.

Porcia   Calle tu lengua traidora,
calle tu voz fementida,
y serenidad no pida
a mis ojos de agua llenos,
que estar no pueden serenos
delante de su homicida.
 Ulises engañador,
Paris de mísera Elena,
con encantos de sirena,
con apariencias de amor,
más ingrato y más traidor
que doméstica serpiente,
¿un secreto solamente
en el pecho no te cabe?
Poco sabe quien no sabe
callar lo que el alma siente.
 ¡Con cuánta razón los hados
dan semejantes rigores
a quien desprecia señores
por imprudentes criados!
Si tus ojos engañados
han despreciado mi honor
como villana traidor,
no soy villana, y pudieras,

|            | si callar y amar supieras, |
|---|---|
|            | ser honrado con mi amor. |
|            |    Tus vanas fantasías son |
|            | tus desdichas infelices. |
|            | Mira, cruel, lo que dices |
|            | pues perdiste la ocasión |
|            | de una insigne posesión. |
| Duque      | Escúchame, Nise mía, |
| Porcia     | Nise, no; soy quien quería... |
| Duque      | Dime quién para adorarte. |
| Porcia     | Soy quien pensó levantarte |
|            | del «vos» a la «señoría». |
| (Vase Porcia.) | |
| Duque      |    Dos dudas, dos confusiones, |
|            | dos laberintos crueles, |
|            | dos enigmas, dos Babeles, |
|            | me ha dejado en sus razones: |
|            | quejarse de sinrazones |
|            | cuando yo no la he ofendido, |
|            | decir que honrarme ha querido |
|            | cuando villana la veo, |
|            | cosas son que a mi deseo |
|            | guerra y paz han prometido. |
|            |    Amor, que para mi daño |
|            | por instrumento escogiste |
|            | la hermosura que me diste, |
|            | dame un dulce desengaño; |
|            | que si en traje tan extraño |

                    se esconde alguna nobleza,
                    la igualara a mi grandeza
                    y, ¿qué mucho si quería
                    darme a mí su señoría
                    que el amor le dé mi alteza?

(Sale Cosme con un rabel.)

Cosme                Una música he de dalle.
                    Aquí se suele asomar.
                    Pardiobre, que he de cantar
                    hasta que diga que calle.
                        Parlero será mi amor
                    que habrá más que una urraca.
                    ¡Quién tuviera voz de vaca
                    porque me oyera mejor!

Duque                Villano, ¿oyes?

Cosme                               No, judío.
                    Sordo soy de las narices.

Duque                Si quién es Nise me dices,
                    ésta te daré.

(Enséñale una sortija.)

Cosme                              Pues, tío,
                        primero la he de tener
                    en el dedo y que me quepa.

Duque                Toma, pues.

(Dale la sortija.)

**109**

| | |
|---|---|
| Cosme | Agora sepa<br>que esta Nise es... |
| Duque | ¿Qué? |
| Cosme | Mujer. |
| Duque | Quién oye un necio... |
| Cosme | Oye dos. |
| Duque | Dime si es villano o noble. |
| Cosme | ¿Cómo tiene de ser roble<br>si es persona como vos? |
| Duque | ¿De dónde ha venido aquí?<br>¿Es señora o es villana? |
| Cosme | Habrará para mañana.<br>¿Eso me pregunta? |
| Duque | Sí. |
| Cosme | Yo le diré, que me prace.<br>Este Lisardo es mi tío,<br>dueño de todo el cabrío<br>que en aquellos montes pace.<br>   Puercos también le da Dios,<br>amén de esotros ganados,<br>en buen hora sean contado.<br>Muchos hay como los dos<br>   hocicando en esos lodos. |

                    Y Gila que es su sobrina
                    sabe la lengua cochina
                    porque gruñe más que todos.
                       El barraco es como un mayo;
                    bien haya quien le mantiene.
                    Buen sayo es éste que tiene,
                    ¿cuánto le costó este sayo?
                       Éste compré yo al salir
                    las hierbas nuevas, flamante
                    la burra estaba delante.
                    No me dejará mentir.

Duque               ¡Qué en este rústico fundo
                    la verdad de mi cuidado!

Cosme               ¿Quién es Nise?, ha preguntado.
                    Es una mujer del mundo.

Duque                  Calla, simple. El que desea,
                    ¿a qué errores no se abate?

Cosme               ¿Tan grande fue el disparate?
                    ¿De dónde quiere que sea?
                       ¿Todos no somos del mundo,
                    los hombres y las mujeres?

Duque               ¡Ay, Nise, si Nise no eres!
                    Oye mi amor sin segundo.
                       Ve a llamarla.

Cosme                     Ella saldrá
                    en rascando yo el rabel.

Duque               Si tú la llamas con él,

lira de Apolo será.
Ya la tarde se dispone.
Salga su luz soberana
a esa pajiza ventana.
Saldrá el Sol cuando se pone.

(Canta Cosme.)

Cosme     «A la voz de mi rabel,
oigan los que no son sordos,
que anda Cosme para Nise
enamorado y berriondo.»
¿Cómo dice la otra copra?

Duque     El pastorcillo es donoso.
¡Qué fuese capaz de amor,
entendimiento tan tosco!

Cosme     «Tus orejas tienen cera,
agilimóse tu rostro,
tus ojos tienen lagañas,
tus narices tienen mocos.»
Llegue, cantemos a dos,
echaremos mayor chorro.

Duque     Yo, Cosme, no sé cantar.

Cosme     Si a esto va, ni yo tampoco.
«Sale Nise a la ventana;
no salga Gila, aquel monstruo
que me espanta mis praceres
como a las cabras el lobo.»

(Sale Gila a la ventana.)

| | |
|---|---|
| Gila | Fuego de Dios es la bestia
que ladra como un cachorro.
En copras me mete él siempre
que también hay poetas tontos
por el siglo de mi agüela. |
| Cosme | Calla, Gila, que me enojo. |
| Gila | Calla, vox, animalazo. |
| Cosme | Gila, que hablas como tordo,
subida en el campanario,
si sois hombre en el rastrojo,
os aguardo. Baja acá. |
| Gila | ¿Qué has de hacer, tonto? |
| Cosme |                 Otro tonto. |
| Gila | ¿Por una mujer perdida
revueltos andamos todos?
¿Por mujer harta de andar
con los unos y los otros?
¡Vino vestida de seda
terciopelo y abalorios
y la trujo su rufián
a esconderla entre nosotros!
¿Por una mujer como ésta? |
| Duque | ¿Qué escucho? Cielos piadosos,
o quitadme tanto amor
o haced mentira lo que oigo. |

| | |
|---|---|
| Gila | Si por el señor no fuera, que nos dio las dobras de oro porque aquí la recojamos, la arañara todo el rostro. Dejamos nuestros sayales; deje el campo, deje el soto, vuélvase a vivir como antes que ya lo sabemos todo. Ella es grande invencionera. |
| Duque | Da libertad a mis ojos, Amor, si no son sospechas de villanos maliciosos. |
| Cosme | Calla, Gila, mientras canto. |
| Gila | Canta, Cosme, mientras lloro. |
| Duque | Calle mi amor entretanto que quién es Nise conozco. |

(Vanse todos. Sale Lucrecia de monte con un arcabuz, y Ricardo.)

| | |
|---|---|
| Ricardo | Tan vanas transformaciones, ¿no te dan mucho fastidio? |
| Lucrecia | ¿Eres, Amor, un Ovidio que en tantas formas me pones? Éste es el último lance que ha de intentar mi fortuna. ¡Quiera Amor que dicha alguna con mis industrias alcance! Amor, tu piedad me ayude a esta acción y ilustre empresa. |

        Veré si alcanzo duquesa
lo que villano no pude.
    Bien es que el duque me vea
como quien soy. Podrá ser
que se incline. La mujer
no se rinde aunque desea.
    Los criados que has buscado
las carrozas que has traído
a esta aldea, solo han sido
para fingir que he llegado.
    Tú dirás que a Milán voy
y a este bosque amena y grato
vine a divertirme un rato
porque ya saben que soy
    inclinada a caza.

Ricardo                     Agora,
no han de creer que has venido.
Fuerza es que sepan que has sido
César y Laura, señora;
    porque te ha de conocer
al momento que te vea.

Lucrecia      ¿Qué importa, cuando ésa sea?
¿Qué aventuro yo a perder?
    Más tendré que agradecerme
viendo mi amor invencible.
¡Cuánto y más que es imposible
por agora conocerme!

Ricardo         ¿Cómo? Si en una comedia
pareciera impropiedad
cuanto y más en la verdad.

Lucrecia              Todo el arte lo remedia.

Ricardo               Si esto que quieres hacer
                      en un teatro se hiciera,
                      más de un curioso dijera:
                      «Eso, ¿cómo puede ser
                          que el arte pueda engañar
                      tan ciegamente al sentido?»

Lucrecia              De la villana han creído
                      que se volvió a su lugar,
                          y que es hija en conclusión
                      del viejo. Él lo va diciendo
                      y César se está muriendo
                      despeñado en su opinión.
                          Esto, y la gran diferencia
                      del traje de una señora,
                      al sayal de labradora
                      da color y da apariencia
                          a mi engaño y como digo
                      si no pudiera encubrirme
                      se verá el ánimo firme
                      con que mi desdicha sigo.
                          Dale al duque este papel.

(Dale un papel.)

Ricardo               En esa selva te esconde
                      porque viene a caza el conde,
                      y el duque viene con él.

Lucrecia                  Mi dicha fuera mayor
                      si en aquestos dos hermanos
                      quisieron trocar las manos

Naturaleza y Amor.

(Vase Lucrecia. Salen el Duque y el Conde.)

Conde
¿Hasta cuándo ha de durar
esta caza?

Duque
Hasta saber
quién es aquella mujer.

Conde
Si crédito piensas dar
a los villanos, bien puedes
irte luego sin amor.

Duque
¿Cómo está César?

Ricardo
Señor,
tus regalos y mercedes
le tienen con mejoría
y de propia mano ha escrito
esto a su alteza.

Conde
Infinito
su muerte me pesaría.

(Lee el papel.) Duque, mi señor: Yo he sabido que la duquesa de Amalfi pasa a Milán, y como inclinada a la caza, se detiene a ver estos bosques, ignorante de que tu alteza esté en ellos; y aunque estoy en la cama peligrosa, quisiera avisar a vuestra alteza por si quisiere verla sin darse a conocer. Su menor criado de vuestra alteza, César.

　　　　　　　　　Cielos cuyas luces ven
　　　　　　　　　este amor, estos desvelos,
　　　　　　　　　montes que veis también,
　　　　　　　　　luces, montes, amor, cielos,
　　　　　　　　　dadme alegre parabién.
　　　　　　　　　　Mueva el céfiro las flores
　　　　　　　　　y ellas aromas conciban;
　　　　　　　　　serán los ramos de olores
　　　　　　　　　con que los campos reciban
　　　　　　　　　la causa de mis amores.

Duque　　　　　　　No solicites tu gloria
　　　　　　　　　porque si me vino a vella
　　　　　　　　　y alcanza de mí victoria,
　　　　　　　　　pretendo borrar con ella
　　　　　　　　　la que tengo en la memoria.
　　　　　　　　　　Una imagen está impresa
　　　　　　　　　en ella, mas es reciente,
　　　　　　　　　y pues de amarla me pesa,
　　　　　　　　　se borrará fácilmente
　　　　　　　　　si es hermosa la duquesa.

Conde　　　　　　　　Mas plegue a Dios que Lucrecia
　　　　　　　　　a quien mi amor tanto precia
　　　　　　　　　que te llegue a parecer
　　　　　　　　　como la propia mujer
　　　　　　　　　cuando es pobre, fea y necia.
　　　　　　　　　　Plegue a Dios que su valor
　　　　　　　　　que con el cielo se mide,
　　　　　　　　　te parezca a ti peor
　　　　　　　　　que una mujer cuando pide
　　　　　　　　　a quien no la tiene amor.

Duque　　　　　　　Si me agrada, esté advertido

|  |  |
|---|---|
|  | que al Sol la he de comprar<br>y de su amor te despido;<br>y la Luna la he de llamar<br>si no me agradare. |
| Conde | Ha sido<br>buen acuerdo a quien desea<br>que te parezca muy fea,<br>y al mirar sus labios rojos,<br>no haya Sol para tus ojos.<br>Todo noche y Luna sea. |
| Ricardo (Aparte.) | (A Lucrecia he de avisar<br>de este concierto que han hecho<br>para que pueda juzgar<br>por la Luna o Sol el pecho<br>del duque.) |
| (Vase Ricardo.) |  |
| Conde | Ya empieza a obrar<br>de Lucrecia la presencia.<br>Mira en los montes luz pura<br>y en mi pecho su excelencia.<br>Todos dan a su hermosura<br>nuevo aplauso y reverencia.<br>   No hay pradillo que no avise<br>su venida produciendo<br>flores silvestres que pise. |
| Duque | No, conde, que están diciendo<br>la gran belleza de Nise.<br>   Ella es quien resplandece. |

Conde             A la vista se me ofrece
                  en esa amena floresta
                  un venado cuya testa
                  árbol sin hojas parece.
                     Las flores, ropa del prado,
                  a quien dé perlas la aurora,
                  no vence el cristal helado.

Duque             Y una bella cazadora
                  un rayo la ha disparado.
(Dispárase dentro.)   Sin duda que es la duquesa.

Conde                Herido el ciervo veloz
                  ya por el bosque atraviesa.

(Dentro Lucrecia.)

Lucrecia          Suelta el sabueso.

Conde                          A su voz
                  rendido Amor se confiesa.

Duque                Del rumor huyen los gamos.

Conde                Ella viene a donde estamos,
                  ¡Qué fortuna, qué alegría!
                  ¿Cuánto han tenido tal día
                  esta fuente y estos ramos?

(Sale Lucrecia cargando el arcabuz.)

Lucrecia             ¡Dulce Amor, por quien suspiro!
                  Si al ciervo herí volador,
                  y a mi dueño ingrato miro,

ayúdame, dulce Amor,
para que acierte este tiro.
  Mientras arman de rigores
mis manos este arcabuz,
flecha, Amor, tus pasadores,
arma mis ojos de luz
para que maten de amores.
  Si el Sol señal ha de ser
de su amor y mi fortuna,
mis ojos le hagan arder,
y nunca salga la Luna
si mi Sol se ha de poner.

Duque     Cazadora, a quien yo llego
con reverencia y temor
porque su deidad no niego
si con flechas mata Amor
como vos matáis con fuego,
  ¿Para qué volvéis a armar
el arcabuz? Con mirar
mataréis hombres y fieras.

Lucrecia     Si tú lo dices de veras
dichosa me he de llamar.

Duque     Vuestra gallarda presencia
alegra estos bosques hoy
y el campo la reverencia.

Conde     Entre Luna y Sol estoy
esperando mi sentencia.
  Sin duda que se enamora
de ella el duque. ¡Ay, cruel Fortuna!

Duque  Hermosa es la cazadora.

Conde  ¿Qué tenemos, Sol o Luna?

Duque  ¿Tú no lo verás agora?

Lucrecia  Caballero, ¿cuyos son
estos bosques tan amenos
de tanta deleitación
y de tanta caza llenos?

Conde  ¡Oh, qué fuerte inclinación!

Duque  Del duque de Mantua.

Lucrecia  ¿Y viene
el duque a bosques tan bellos?

Duque  Cuando vida y alma tiene
porque suele haber en ellos
quien a morir le condene.

Lucrecia  ¡Ay, si lo dice por mí!
Pues, ¿anda Amor por aquí?

Duque  Ya un amor muy verdadero.

Lucrecia (Aparte.)  (Salga pues el Sol que espero.
No me tenga el duque así.)

Duque  Una beldad le enamora.

Lucrecia (Aparte.)  (¡Quiera Amor que sea la mía!)

| | |
|---|---|
| Duque | Hermosa es la cazadora. |
| Conde | ¿Es de noche o es de día? |
| Duque | ¿Tú lo verás agora? |
| Lucrecia | ¿Dónde está el duque? |
| Duque | Yo creo que en los ojos de quien ama. |
| Lucrecia | Pues, ¿tan grande es su deseo? |
| Duque | Al mérito de su dama iguala su amor. |
| Conde | Ya veo que la presa me ha quitado. Respétole por mayor. Muero como desdichado. |
| Lucrecia (Aparte.) | (Disimulemos, Amor, pues estoy en tal estado.) |
| Duque | Si ojos tenéis homicidas, advertid que yo he guardado estas selvas prohibidas y quien caza en lo vedado tiene las armas perdidas. |
| Lucrecia | ¿Guarda sois del duque vos? |
| Duque | Pienso que bien me conoces, falsos estamos los dos. |

| | |
|---|---|
| Lucrecia (Aparte.) | (Las alas tienes veloces,<br>Amor, si te llaman dios.<br>  No me tengas tan oscuras,<br>salgan ya las luces puras<br>de esta Luna o Sol que aguardo.) |
| Duque | Tú eres médico gallardo<br>si darme salud procuras. |
| Lucrecia | ¿Qué tan gallarda os parezco? |
| Conde (Aparte.) | (¡Aquí fue Troya!) |
| Lucrecia (Aparte.) | (¡Aquí es<br>dónde sé cuanto merezco!) |
| Duque | Más que el mayo. |
| Lucrecia (Aparte.) | (No soy mes,<br>ni a flores ofrezco.<br>  Comparadme a otra cosa.) |
| Duque | Más que la cándida rosa. |
| Lucrecia (Aparte.) | (No soy flor, subid al cielo.) |
| Duque | Y más... |
| Conde (Aparte.) | (¡Qué temor!) |
| Lucrecia (Aparte.) | (¡Qué hielo!) |
| Duque | ..y más que la Luna hermosa. |

(Cáesele el arcabuz de la mano, alcáncele el Conde y dásele.)

Conde            Déte el Sol resplandeciente
                 siempre luz y vivas más
                 que la vida de la fuente.

Lucrecia (Aparte.)   (No te alumbre el Sol jamás;
                     vive en noche eternamente.)

Conde            Las armas podéis tomar
                 porque aún hay a quién tirar
                 bellísima cazadora.

Lucrecia         Disimulemos, agora.
                 Sufrir quiero y reventar.

Conde            Si una empresa habéis perdido
                 y al agua huyó diligente,
                 otra sé que habéis herido
                 que se ha bañado en la fuente
                 de lágrimas que ha vertido.

Lucrecia         Cuánto tu amor me importuna.
(Aparte.)        (Su desdén ha de acabarme.)
                 Por vos dirá mi fortuna
                 que en materia de alabarme
                 me habéis dejado a la Luna.
                    A buena noche quedé
                 si a la Luna me igualáis.

Duque            Si ya tengo Sol, no erré.

Lucrecia         ¿Qué, en estos bosques, cazáis?

Duque        Aunque busco amor y fe,
                ni se alienta mi esperanza,
             ni se alegra el alma mía,
             ni se me da confianza,
             ni se muestra claro el día,
             ni se adora, ni se alcanza.

Lucrecia        ¡Ay, traidor!, que has repetido
             de Nise el nombre adorado
             con equívoco sentido.
             Ni se logre tu cuidado,
             ni se muestre agradecido.

Duque           Conde, amigo, tuya sea
             Lucrecia, su amor procura;
             que voy donde a Nise vea
             que renovó esta hermosura
             la que tengo yo en mi idea.
                A Lucrecia no me inclino.
             No hay elección en amor.
             A Nise va mi destino.
             Mal sosiega un cazador.
             Adiós, ángel peregrino.

(Los dos últimos versos cata el arcabuz y vase.)

Lucrecia        Ángel no nombréis ajeno,
             pues quien padece tal daño,
             no puede ser ángel bueno.
             ¡Fuése! ¡Ay Dios! ¡Qué desengaño
             de celos y rabia lleno!

Conde           Peregrina cazadora,

                  que das muerte como el áspid
                  entre flores de hermosura,
                  escucha a un mísero amante.
                  Detente si tienes alas
                  porque lo que pareces Ángel,
                  dispárame el arcabuz
                  y tu ausencia no me mate.
                  Si la caza te deleita,
                  espérame entre los sauces;
                  que hacia aquí te echaré fieras
                  para que viertas su sangre.

Lucrecia         Harásme favor en eso.

Conde (Aparte.)    (¡Qué hermosura semejante
                  a la de Laura! Sospecho
                  que es la misma, y sus disfraces
                  de amor del duque proceden.)

(Vase el Conde.)

Lucrecia         ¡Qué desdichas me combaten!
                  A cazar el duque vino,
                  y entre los blandos cristales
                  de esos arroyos vio a Nise,
                  la Diana de estos valles.
                  ¡Mal haya quien inventó
                  aquesta bárbara imagen
                  de la guerra que los hombres,
                  monte y fieras fatigasen!
                  ¡Mal haya, amén, las redes,
                  los sabuesos vigilantes,
                  los lebreles y caballos
                  competidores del aire!

¡Y mal haya finalmente
todo pájaro rapante
cuando se sujeta al hombre
con el tiempo y con el arte!

(Sale Ricardo.)

Ricardo
Esas coléricas voces
no son muy buenas señales;
mal conquista Amor la industria
si no hay otros favorables.

Lucrecia
Vamos, Ricardo, de aquí,
las carrozas que buscaste
partan luego, porque entiendan
que prosigo mi viaje.
Adiós, enemigo fiero,
y plegue a Dios que te llamen
en el trágico suceso
el Adonis de estos valles.
Plegue a Dios que en esas peñas
traidor caballo te arrastre;
mueras a manos civiles
de un enemigo cobarde.
  Y con mujer te cases
que ni te quiera bien ni fe te guarde.
  Estas fuentes fugitivas
en vez de darte cristales,
como a Narciso, te den
amor de tu propia imagen.
Cuando de caza volvieres
a ser huésped de su margen
huya el agua, dé el veneno,
broten fuego, arrojen sangre.

                    Y con mujer te cases
                que ni te quiera bien, ni fe te guarde.
                    Llévate al mar la codicia
                de las victorias navales,
                y entre las olas soberbias
                sirva de tumba la nave.
                Sacudida de los vientos,
                llegue al cielo, mida el aire,
                gima el mar, tiemblan los montes,
                rómpase..., ¡al abismo vase!
                    Y con mujer te cases
                que ni te quiera bien, ni fe te guarde.
                    ¿Mas qué culpa tienes tú
                si no pueden inclinarte
                los cortos méritos míos?
                Déte el fénix sus edades,
                déte Nise su ventura,
                y el cielo me dé su parte;
                déte tu hermano su amor
                vivas mucho y mueras tarde.
                    Y con mujer te cases
                que te adore en extremo y fe te guarde.

(Vanse y salen el Duque y Cosme.)

Duque                   Aquí el Sol de Nise abrasa
                mi espíritu sin sosiego.
                Mariposa soy del fuego
                que se enciende en esta casa.
                    Entra Cosme, a Nise llama.
                Di que la espera Fisberto.

Cosme           Ya, pardiez, Nise se ha muerto
                y ha resucitado dama.

                            ¿Quién diré que la llamó?

Duque           Fisberto.

Cosme                   No se me olvide,
                pregue a Dios.

(Vase Cosme.)

Duque                   ¿Qué amor se mide
                con mi amor? ¿Quién tanto amó?
                    Cautivo está mi albedrío.
                No siente su libertad
                el alma y la voluntad.

(Sale Cosme.)

Cosme           Fis... ¿cómo se llama, tío?

Duque             Fisberto, que habiendo noria,
                ¿a sus curso no te inclinas?

Cosme           ¿Habrá allá unas melecinas
                para esto de la momoria?

(Vase Cosme.)

Duque                 La beldad de la duquesa,
                y el amor que la ha traído
                a esta bosque, no han podido
                borrar la que estaba impresa
                    en el alma. Gran desdén
                fue no entender el amor
                que mostraba.

(Sale Cosme.)

Cosme
    Oye, señor,
¿llamaré a Gila también?

Duque
    Simple, no. ¡Qué rustiqueza!

Cosme
    Simpre, simpre, andar, andar,
¿en qué nos ve simprear?
¡Simpre, simpre!

(Vase Cosme.)

Duque
        La belleza
que está en la imaginación
cuando no está divertida,
cobra fuerza y tiene vida
a pesar de la razón.
    Dese por rendido y muerto
él que no la resistiere.

(Sale Cosme.)

Cosme
    Dice que salir no quiere
que no conoce a «Gil tuerto».

Duque
    ¡Qué necio es él que confía
de un necio y de él se vale!

Cosme
    Hela, que asoma.

(Vase Cosme.)

Duque           Y aun sale
como el Sol, padre del día.

(Sale Porcia de dama.)

Duque           Fénix, que con plumas nuevas,
compites al Sol de oriente,
prudentísima serpiente
y águila que te renuevas,
    blanca rosa que ha salido
de su rústica corteza,
no aumentes, no, tu belleza;
basta la que me ha rendido.

Porcia          Ya, Fisberto, en alegría
se volvieron mis enojos
y en el pecho y en los ojos
siento una alegre osadía;
    y conformes voluntades
contrarios no han de bastar,
y así pienso atropellar
montes de dificultades.
    Contra disgustos, señor,
iré de mis parientes.
(Aparte.)       (¡Qué abismos de inconvenientes
sabrá vencer el Amor!)

Duque           No me tengas admirado,
no me tengas más suspenso;
ya que mi amor es inmenso,
no lo sea mi cuidado.
    Villana supe adorarte,
¿qué he de hacer, viéndote así?
Un alma entonces te di,

|          | no hay más almas para darte. |
|---|---|
| Porcia | Siempre el amor se señala<br>en la resistencia fuerte,<br>todo iguala la muerte<br>y el amor todo lo iguala.<br>   Y si de amor los cuidados<br>por sustentar su poder<br>iguales suelen hacer<br>los cetros y los cayados,<br>   menos será nuestro amor.<br>Siendo pobre te hago conde. |
| Duque | Dime, señora, ¿de dónde? |
| Porcia | Mi Fisberto, de la Flor. |
| Duque | Luego, ¿tú eres Porcia? |
| Porcia | Sí. |
| Duque | ¡Válgame Dios! |
| Porcia |    El contento<br>entró en el alma violento.<br>¡Qué grande gusto le di!<br>   En éxtasis de placer<br>arrebatado quedó.<br>Yo soy Porcia, amigo, yo<br>soy tu amante y tu mujer. |
| Duque | ¡Ay de mí! |
| Porcia | ¿Cómo suspira? |

                            Si es que teme a su señor,
                            no tiene, Fisberto, amor
                            quien inconvenientes mira.
                              Yo del duque no he de ser;
                            tuya soy, que no soy mía.

Duque (Aparte.)             (Bien la villana decía;
                            que mal supe aborrecer.)

Porcia                        ¿Cómo, sabiendo quien soy,
                            te entristeces y suspendes?
                            Mira, Fisberto, que ofendes
                            el alma que alegre doy.
                              Advierte que el duque viene.
                            Tomemos resolución.
                            No perdamos la ocasión
                            que ligeras alas tiene.

(Sale Fisberto.)

Fisberto (Aparte.)            (Ya Porcia se declaró
                            pues en su traje parece,
                            pero el duque la aborrece.
                            Peligrar no puedo yo.
                              No es mala razón de estado
                            el ponérmeles delante
                            con animoso semblante
                            no dándome por culpado.)

Porcia                        ¿Cómo agora te entristeces
                            y a resolverte no acabas?
                            Siendo Nise me adorabas,
                            siendo Porcia me aborreces,
                              ¿es decoro, es cobardía?

|              |                              |
|--------------|------------------------------|
|              | Animo, el temor se huya,<br>que si no es para ser tuya<br>no ha dejado de ser mía. |
| Duque (Aparte.) | (¿Qué es esto, Amor? No te entiendo;<br>tus sutilezas ignoro.<br>¿Que aborrezco la que adoro?<br>¿Que haya amor aborreciendo?) |
| Fisberto (Aparte.) | (Como sabe su flaqueza<br>y está enamorado, calla,<br>dándose están la batalla<br>el agravio y la belleza.) |
| Porcia | Parece que me desprecias<br>y conmigo no te casas.<br>Honor, ¿qué cuchillo y brasas<br>das a Porcias y Lucrecias?<br>   ¿Cómo puedo sufrir esto?<br>Ah, Fisberto, tuya soy<br>o al duque la mano doy.<br>Resuélvete presto, presto. |
| Duque | ¡Qué me haya empeñado tanto<br>en amar una mujer<br>de tan fácil proceder! |
| Porcia | De mi paciencia me espanto.<br>   Del cielo es este castigo<br>para vengarme de ti,<br>me pienso perder a mí,<br>villano, cruel enemigo,<br>   repara en esta venganza.<br>Ah, duque, si duran hoy |

las finezas, tuya soy.
En ti vive mi esperanza.
Dame la mano.

Fisberto (Aparte.)            (¡Ay, Amor!,
qué ocasión me das gentil
a no haber guerra civil
entre el gusto y el honor.
    Rendida a mis manos viene
de los desprecios honrados
del duque. ¡Cielos sagrados!
¿Quién amando me detiene?)

Porcia            Pues, ¿tú dudas? Pues, ¿tú callas?
¿Dónde está tu voluntad?
Bien dicen de ti Verdad
que con rústicos te hallas.
    Cuando era Nise me vi
adorada, y ya me veo,
siendo Porcia, con deseo
de aquello que aborrecí.
    ¿Ya no tienes afición?
Dame la mano, ¿a qué esperas?

Fisberto            ¡Qué fantasmas, qué quimeras,
qué dudas, qué confusión!
    Amor, ¿daréle la mano?
Dala, y la ocasión no pierdas.
Honra, ¿qué haré? ¿No te acuerdas
de su proceder, villano?
    No la des. La honra venció.
Amor vivirá vencido.
Ya la ocasión he perdido.

| | |
|---|---|
| Porcia | ¿Qué dices, duque? |
| Fisberto | Que no. |
| Porcia | ¿Qué ruina, qué vaivenes<br>son éstos en que me pones,<br>Fortuna? ¿Qué confusiones,<br>qué desprecios, qué desdenes?<br>………… [ -años]<br>Huye, Porcia, y ¡ay de ti!,<br>que viven Circes aquí<br>llenas de viles engaños. |

(Vase Porcia.)

| | |
|---|---|
| Duque | Amor ligero, inconstante,<br>tanto confusión me das<br>que no sé volver atrás,<br>ni sé pasar adelante.<br>　Tú tienes la culpa, ingrato,<br>bien empeñado me ves,<br>y no me dices quién es,<br>¿cómo agora no te mato? |

(Pónese Fisberto de rodillas y pónese Porcia a la puerta.)

| | |
|---|---|
| Fisberto | Viendo que la aborrecía<br>como Porcia vuestra alteza,<br>no pensé que su belleza<br>tales afectos haría. |
| Duque | Tú fingiste su locura<br>por tus designios, traidor. |

Fisberto        Ya te confesé mi amor
                y ya has visto su hermosura.

Porcia              Cielos, ¿qué engaños traidores
                son éstos? Cuando deseo
                salir de un error, me veo
                metida en otros mayores.
                    ¡El duque puesto a los pies
                de Fisberto! Yo sospecho
                que algún engaño me ha hecho.
                Y el duque de veras es
                    él que adoro. Siendo así,
                ya doy por bien empleado
                cualquier engaño pasado.
                Ten, Amor, piedad de mí.

(Salen Octavio y Camilo.)

Octavio         Gracias a Dios que te vimos.

Fisberto        Camilo y Octavio vienen.

Octavio         Tanto, señor, te detienen
                estos montes que venimos
                    a suplicarte que vuelvas
                a Mantua.

(Llegan a besarle la mano.)

Duque               Al cielo pluguiera
                que nunca de allá saliera
                para venir a estas selvas.

Porcia          Los criados que han venido

        le reverencian y estiman.
        Todos mi sospecha animan.
        Dichosa, Amor, habré sido
           si es el duque, pues me queda
        una esperanza fiel.

(Salen Lucrecia de hombre con banda y Ricardo.)

| | |
|---|---|
| Lucrecia | Despedirme quiero de él |
| | porque así entender no pueda |
| |    de que yo Lucrecia he sido. |
| Ricardo | Agora han de conocerte. |
| Lucrecia | ¿Qué importa? ¿Es cosa de muerte? |
| | Licencia, señor, te pido |
| |    para ir sirviendo a Milán |
| | a Lucrecia, mi señora. |
| Duque | ¿Tienes ya salud? |
| Lucrecia |                Agora, |
| | poca esperanza me dan. |
| Fisberto |    ¡Qué este rapacillo sea |
| | el Paris que me robó |
| | la Elena que adoro yo! |
| Duque (Aparte.) | (Como Porcia a César vea, |
| |    Averigüen la verdad. |
| | ¿Qué más rigor, qué más daño |
| | puede hacer el desengaño, |
| | si ya sé su liviandad?) |
| |    Una dama he visto aquí |

                        a quien el alma desea.
                        Quiero que César la vea
                        y que la hable por mí.

Lucrecia (Aparte.)      (Ya no les faltaba más
                        a mis desdichas.) ¿Es ésta?

(Señala a Porcia y vuelve el Duque la cabeza.)

Duque                   Sí, y espero la respuesta.

Lucrecia                Presto, señor, la tendrás.

(Vanse Fisberto y el Duque.)

Porcia (Aparte.)        (Mi inclinación, por lo menos,
                        no en él para por humilde.)

Lucrecia (Aparte.)      (Llegad ojos y decilde
                        mi mal de lágrimas llenos.
                            Ésta es Nise soberana,
                        extremo de la hermosura.
                        ¡Ay, celos! ¡Ay, desventura!
                        Que Nise no fue villana.)

Porcia (Aparte.)        (Porque el duque se ha encubierto
                        de mí con este rigor,
                        le califica mi amor
                        con el amor de Fisberto.)

Lucrecia (Aparte.)      (Rabio por saber quién es
                        la que al duque me ha quitado,
                        aunque es inútil cuidado.)
                        Suplícote que me des

a besar la mano hermosa.

(Sale Fisberto a una puerta.)

Fisberto        Desde aquí con atención
                veré la demás traición
                de Porcia, que está celosa
                   de ver su amante.

(Sale el Duque a la otra puerta.)

Duque                      ¡Qué rabia
                con los celos puede haber!
                Desde aquí tengo de ver
                si se alegra o si se agravia
                   con su amante, Porcia.

Porcia                     Quiero
                conocerte; estoy en duda.

Lucrecia        Mujer que el hábito muda
                trueca el aspecto primero.
                   Laura soy, hermosa Nise,
                perdón pretendo de ti
                del enojo que te di.

(Tómense las manos.)

Porcia          Nunca, Laura, mal te quise.
                   ¿Dónde vas de esta manera,
                tan gallardo y tan airosa?
                No vi mujer más hermosa
                   en hábito de hombre.

| | |
|---|---|
| Lucrecia | Fuera<br>a trocarse en ti la suerte. |
| Fisberto | ¡Qué bien que se han conocido!<br>Porcia con él se ha reído.<br>¡Ay, que esa risa es mi muerte! |
| Porcia | Déjame, Laura, abrazarte<br>porque se alegran mis ojos<br>tras los pasados enojos. |
| Duque | ¡Ay, que el alma se me parte. |
| Lucrecia | No soy a tu amor ingrata.<br>Los brazos y alma te doy. |
| Duque | ¡Esto miro y vivo estoy! |
| Fisberto | ¡Aquél abrazo me mata.! |
| Porcia | Dime, ¿adónde vas? |
| Lucrecia | Me lleva<br>el duque así, disfrazada. |
| Porcia | ¡Ay de mí! |
| Duque | Ya desmayada<br>sobre él cayó. |
| Fisberto | Que se atreva<br>este infame a tal acción.<br>Le habrá dicho que se ha de ir<br>y ella comienza a morir |

| | |
|---|---|
| | con la amorosa pasión. |
| Lucrecia | ¿Siénteslo? No iré con él. |
| Porcia | ¡Ay, mi Laura, si eso hicieras! |
| Lucrecia | ¿Te holgaras mucho? |
| Porcia |           Me dieras la vida. |
| Lucrecia | No soy cruel. |
| Porcia | Deja besarte las manos por el favor que me das. ¿Con el duque al fin no irás? |
| Duque | ¿Tal sufrís? ¡Celos tiranos! Ella le ruega y le adora. |
| Fisberto | Ella le adora y le ruega. |
| Duque | ¿Quién a matarla no llega? |
| Fisberto | ¿Quién no mata a esta traidora? |
| Lucrecia | Pienso que el duque nos mira y la vida a Porcia inquiere. Él ha de penar si quiere averiguar mi mentira. ¿Quién eres tú? |
| Porcia |           Porcia soy. |

| | |
|---|---|
| Lucrecia | ¡Ay, Lucrecia! ¡Ay, infelice! |
| Duque | Quien oyera lo que dice. |
| Porcia | ¿Cómo tristeza te doy<br>   con mi nombre? ¿Tienes celos?<br>............ |
| Lucrecia | Sin amor no hay celos..<br>............ [-elos]. |

(Sale el Duque.)

Duque
   ¿Quién ha de sufrir la injuria
que has hecho a mi pensamiento?
Castiguen tu atrevimiento
los ímpetus de mi furia.
   ¿Quién ha de sufrir agravio
tan cruel y tan injusto,
si no a su honor, a su gusto
muero, gimo, peno y rabio?

(Sale Fisberto.)

Fisberto
   Y yo con el desengaño
de la liviandad presente
me consuelo y ya no siente
el alma su inmenso daño.

Duque
   ¡Qué vil desdicha, qué mengua,
qué liviandades, qué antojos,
qué Circes traes en los ojos
y sirenas en la lengua!
   Aborrezco la que adoro.

Loco estoy si me resisto.
Orlando soy porque he visto
a Angélica con Medoro.

(Sale el Conde con una daga desnuda tras de Lisardo, Cosme, Gila, Octavio y Camilo.)

Conde            El alma te he de sacar
                 si no me dices adónde
                 Lisardo, tu hija se esconde.

Cosme            Lo que le hubiere de dar,
                 déselo en dinero, tío.

Lisardo          La verdad confesaré.
                 No es mi hija, y ya se fue.

Conde            Cierto fue el discurso mío.

Duque            Destino ha sido fatal
                 salir amor tan violento.
                 Salgamos de este tormento;
                 salgamos de tanto mal.
                    César con Porcia se case;
                 mis desdichas me consuelen.
                 Sus desdenes no me hielen,
                 ni su hermosura me abrase.
                    Ve, César, por la duquesa
                 de Amalfi, dila que ya
                 el duque el alma le da
                 y por dueño la confiesa.
                    A mujer ilustre y bella
                 con el tiempo tendré amor.

| | |
|---|---|
| Lucrecia | Aquí la tienes, señor, |
| | si has de casarte con ella. |
| |    César soy y Laura fui. |
| | Ingenio, amor y mujer |
| | han tenido tal poder |
| | que soy tercera por ti |
| |    de mí misma. |
| Conde |                ¿Hay ceguedad |
| | como la que yo he tenido; |
| | que no hubiera conocido |
| | esta encubierta beldad? |
| Duque |    Fuego mis engaños fueron, |
| | en que el oro de mi amor |
| | se acendró y mostró el valor |
| | que sus quilates le dieron. |
| |    Perdóname, Porcia mía, |
| | tuyo soy, tuyo seré. |
| Lucrecia | ¿Cómo has de pagar la fe, |
| | la lealtad y la osadía |
| |    con que te he querido? |
| Duque |                   Dices, |
| | duquesa, mucha verdad, |
| | pero tu fe y tu lealtad |
| | conmigo son infelices. |
| |    No me inclino a tu belleza; |
| | mas soy tan agradecido |
| | al amor que me has tenido, |
| | en tu fe y en tu fineza |
| |    que, aunque amo a Porcia, pretendo |
| | tu valor, considerando |

        morir sin Porcia y amando
por vivir agradeciendo.
Tuyo soy de agradecido
pero no de enamorado.

(Va a darle la mano.)

Lucrecia                Yo tu amor he conquistado.
No quiero, duque, marido
    sin amor. De Porcia eres;
que poderosas no son
mis estrellas, y el blasón
que de agradecido quieres,
    yo le quiero para mí.
Conde...

Conde                   Señora.

Lucrecia                Tu mano
es mi blasón soberano.
Siempre agradecida fui.

Conde                  Dente su vida los cielos.

Duque                  Y a ti, Porcia, posesión
de la mía.

Fisberto                Esta ocasión
perdí por mis locos celos.

Duque                  Fisberto, tanta belleza
fuerza es que cause amor
y así perdono tu error.

Fisberto        Beso los pies de tu alteza.

Gila            Llega y pide que casada
                me deje aquí a mi pracer.

Cosme           Llega tú, que la mujer
                pide más desvergonzada.
                    Señor duque, un gran servicio
                me ha de hacer.

Gila                        Di merced.

Duque                       Dila.

Cosme           Que no me case con Gila,
                que tiene poco juicio.
                    Déme en su casa ración
                de músico y de poeta.

Gila            ¡Oh, qué bestia tan discreta!

Cosme           Hombre soy con perfección,
                    pues que tengo ánima y crisma.

Duque           Tenga aquí el fin que pretendo
                el amor aborreciendo
                y tercera de sí misma.

                Fin de la comedia

**Libros a la carta**

A la carta es un servicio especializado para
empresas,
librerías,
bibliotecas,
editoriales
y centros de enseñanza;
y permite confeccionar libros que, por su formato y concepción, sirven a los propósitos más específicos de estas instituciones.
Las empresas nos encargan ediciones personalizadas para marketing editorial o para regalos institucionales. Y los interesados solicitan, a título personal, ediciones antiguas, o no disponibles en el mercado; y las acompañan con notas y comentarios críticos.
Las ediciones tienen como apoyo un libro de estilo con todo tipo de referencias sobre los criterios de tratamiento tipográfico aplicados a nuestros libros que puede ser consultado en Linkgua-ediciones.com.
Linkgua edita por encargo diferentes versiones de una misma obra con distintos tratamientos ortotipográficos (actualizaciones de carácter divulgativo de un clásico, o versiones estrictamente fieles a la edición original de referencia).
Este servicio de ediciones a la carta le permitirá, si usted se dedica a la enseñanza, tener una forma de hacer pública su interpretación de un texto y, sobre una versión digitalizada «base», usted podrá introducir interpretaciones del texto fuente. Es un tópico que los profesores denuncien en clase los desmanes de una edición, o vayan comentando errores de interpretación de un texto y esta es una solución útil a esa necesidad del mundo académico.
Asimismo publicamos de manera sistemática, en un mismo catálogo, tesis doctorales y actas de congresos académicos, que son distribuidas a través de nuestra Web.
El servicio de «libros a la carta» funciona de dos formas.
1. Tenemos un fondo de libros digitalizados que usted puede personalizar en tiradas de al menos cinco ejemplares. Estas personalizaciones pueden ser de todo tipo: añadir notas de clase para uso de un grupo de estudiantes, introducir logos corporativos para uso con fines de marketing empresarial, etc. etc.

2. Buscamos libros descatalogados de otras editoriales y los reeditamos en tiradas cortas a petición de un cliente.

www.ingramcontent.com/pod-product-compliance
Lightning Source LLC
Chambersburg PA
CBHW051344040426
42453CB00007B/404